中国社会科学院创新工程学术出版资助项目

"十二五"国家重点图书出版规划项目

国家安全与发展战略研究丛书

# 中国周边安全研究

## （第一卷）

CHINA REGIONAL
SECURITY REVIEW
（Vol.1）

张　洁／主编

社会科学文献出版社
SOCIAL SCIENCES ACADEMIC PRESS (CHINA)

# 目　录

# 第三编　地区安全热点问题

# 第一编　总　论

# 第一章　周边在中国对外关系中的地位与作用

钟飞腾[*]

在中国的语境中，类似"世界"、"周边"这样的一些对外关系词汇具有特定的含义。国际观察家在讨论新近展开的周边秩序观念时，时常被历史上的"朝贡秩序"所困扰，而不够重视冷战结束以来当代中国的实践与探索。实际上，在最近二十年的中国国际战略中，"周边"是一个新概念，体现出中国的身份定位、战略利益以及与国际社会关系的演变，预示着一个更加自信和更有力量的中国对世界的新看法。对中国外交进程的分析表明，中国的周边是一个多层次的地区体系，中国试图发展一种与周边更加均衡的关系。

## 第一节　"周边"概念的演进

中国的外交政策把需要一个什么样的外部环境定义为国际战略的重大组成部分。改革开放之后，和平、稳定的环境是推进经济建设的必要条件，这个思想来自邓小平。早在 1975 年 4 月，邓小平在会见美国众议院院长艾伯特、众议院共和党领袖罗兹时就指出："我们现在需要一个和平的国际环境来建设我们的国家。"[①] 进入 20 世纪 80 年代以后，中国的对外战略总体上抛弃了意识形态纲要，转而重视物质化的国家利

---

益，不再以美苏的战略竞争来指导中国的对外关系。采取这样一种新思维之后，中国必须重新界定与外部世界的关系。正是在这种重新找回定位的过程中，思维的方向发生了实质性的变革，即中国与周边的关系成为中国对外关系中的一个组成部分，并逐步壮大为比较稳定的一组关系。

"周边"一词于20世纪80年代后期出现在表述中国外交和安全战略研究的文献中。80年代前期，在讨论苏联是否存在一个全球战略时，针对西方一部分分析家认为苏联只有"周边战略"的说法，中国学者判断苏联执行的是争夺世界霸权的全球战略。1985年6月，邓小平在中央军委扩大会议上指出："根据对世界大势的这些分析，以及对我们周围环境的分析，我们改变了原来认为战争的危险很迫近的看法。"[1]大约从这一年开始，中国海军的建设进入一个转折期，至少从战略设计层面看，中国已经考虑到要提高近海防御的战略方针。当时担任海军司令员的刘华清将军提出，中国必须改变"沿岸防御战略"，而进入一个"近海防御战略阶段"。正是在这一年，中国海军首访巴基斯坦、斯里兰卡和孟加拉国，这是中国军队第一次进行海外出访，引起国际社会高度关注。1987年夏季，"周边环境"概念首次出现在《人民日报》上，中国军方高级领导人在评估周边环境时，突出领土领海面临的安全威胁，并强调越南的行为是一种地区霸权主义。当年召开的中共十三大认为，中国的开放格局已经从南到北粗具规模，这种新开放观也引发了对周边安全形势的关注。12月，北京国际战略学会举行年会，专门对周边的国际形势作了深入讨论，战略学会的负责人是中央外事工作领导小组的成员。

1988年3月，李鹏担任代总理做政府工作报告时提出："中国一向重视同周边各国保持和发展睦邻关系，特别关心亚洲的和平与稳定。"这是"周边"一词首次出现在政府工作报告中，其范围包括蒙古国、

---

[1] 中共中央文献研究室编《邓小平思想年谱（1975－1997）》，中央文献出版社，1998，第322页。

朝鲜半岛、东盟以及南亚各国，但不包括日本。5月份，外交部副部长钱其琛在会见缅甸客人时也强调了中国非常重视同周边国家发展睦邻友好关系。在政府工作报告中强调周边的重要性，体现了中国政府对地区经济合作进展的认识，世界经济在20世纪80年代的新动向是地区经济合作迅猛发展，世界经济呈现出三足鼎立格局。日本因为与美国的经济竞争转而开始重视亚洲，强化与地区国家的合作，这种态势引起中国学界的重视，而中国改革开放早期的进程很大程度上得益于日本在亚洲的贸易投资，日本引领的东亚经济增长成为中国获得经济发展的重要外部环境。因此，中国领导人把经济发展与周边环境联系起来看待是很自然的。例如，1990年10月，外交部部长钱其琛在纽约亚洲学会发表演讲时认为："中国的经济建设需要和平的国际环境……中国一向重视在和平共处五项原则的基础上发展同亚洲国家的睦邻友好关系。"

　　进入20世纪90年代初期之后，中国领导人非常明确地表示，中国与周边国家的关系处于历史上的最好时期。1990年12月，钱其琛外长在接受《人民日报》记者采访时说，"现在是我国同周边国家的关系40年来最好的时期"。1991年3月，李鹏总理在"八五"计划纲要报告会上认为："我国政府大力发展同周边国家的睦邻友好关系，以此作为外交工作的重点，现在是建国以来我国同周围邻国关系的最好时期之一。"5月，江泽民出访苏联时指出："中国重视同周边国家发展睦邻友好关系。"此时的"周边"已经明确包括日本，之后领导人讲话涉及"周边"时也包括日本。7月1日，江泽民在纪念中国共产党成立七十周年时强调："我们要继续坚持独立自主的和平外交政策，积极发展同一切国家的友好关系，特别是保持和发展同周边国家的睦邻友好关系，加强同第三世界国家的团结和合作。"1991年12月，国务委员兼外长钱其琛在第46届联合国大会上发言时指出："同周边国家发展睦邻友好关系，创造一个和平安定的周边环境是我国独立自主和平外交政策的重要组成部分。"这是中国政府首次在国外向全世界宣布一个良好的"周边环境"对中国的重要性。

　　与"周边"和"周边环境"概念相比，中国学术界较多地使用

"周边安全环境"分析中国面临的战略形势。1990 年 4 月，程林胜在《九十年代世界总体格局与中国》一文中认为，中国要进一步促进和保持周边安全环境的长期稳定，要敢于涉足亚太地区的区域性经济合作，以收获经济、战略和安全上的好处。① 同年，郗润昌在《世界新秩序的演变趋势与国际安全》一文中认为，中国的安全环境由三个相互关联的层次组成：全球安全环境、地区安全环境和周边安全环境。尽管全球安全环境转好，但周边仍然问题颇多。② 1992 年 10 月，党的十四大政治报告指出，中国"同周边国家的睦邻友好关系处于建国以来的最好时期"。尽管这一表述并没有采用"周边环境"这一概念，但此后中国学术界对亚洲形势的判断基本秉持了党在政治报告中的论断。

官方对"周边安全环境"概念的使用多与军事、安全联系在一起。1992 年 12 月，江泽民在驻京部队老干部迎新年茶话会上强调军队要"为改革开放和现代化建设创造长期稳定的安全环境"。1993 年 1 月，江泽民在中央军委扩大会议上认为："我国周边安全环境不断得到改善，同周边国家的睦邻友好关系处于建国以来最好的时期。"③ 这是中国领导人首次使用"周边安全环境"概念。不过，江泽民的这一讲话直到 2006 年《江泽民文选》出版时才公布。在 1996 年 6 月举行的一次记者招待会上，外交部发言人沈国放在回答记者提问时说，中国和东盟"就双边关系、地区形势以及周边安全环境等问题交换了看法，并取得了广泛的共识"。这是"周边安全环境"概念首次出现在《人民日报》上。

1997 年东亚金融危机突出了中国对周边安全环境的塑造能力。事实上，从 1996 年开始，"中央多次研究经济安全和防范金融风险的问题"。金融危机爆发之后，中国采取人民币不贬值政策赢得了东盟的信任和赞赏。"这既是对各国战胜金融危机的有力支持，也符合我们的自身利益。事实上，如果亚洲乱了，中国也难以独善其身。而当我们起了

---

① 程林胜：《九十年代世界总体格局与中国》，《国际政治研究》1990 年第 3 期，第 36 页。
② 郗润昌：《世界新秩序的演变趋势与国际安全》，《未来与发展》1991 年第 4 期，第 29 页。
③ 江泽民：《江泽民文选》（第 1 卷），人民出版社，2006，第 279 页。

稳定作用，对各国克服困难提供了帮助时，就是利人，也利己。"①

1997年10月，党的十七大在分析中国面临的国际形势时采纳了"周边环境"概念。政治报告认为："在相当长的时期内，避免新的世界大战是可能的，争取一个良好的国际和平环境和周边环境是可以实现的"。国际环境与周边环境处于等同的地位。实际上，整个90年代中国领导人普遍使用"周边环境"一词来描述中国对亚洲形势的判断。从《人民日报》数据来看，使用"周边环境"一词次数排在前三位的领导人依次是李鹏总理、江泽民主席和钱其琛副总理兼外长，其中钱其琛首先使用了"周边环境"一词。此外，包括全国人大、全国政协、中央军委等部门的最高领导人都先后使用过"周边环境"概念。

中国政府最初表述"周边"时，其范围不包括苏联和日本，1991年5月首次纳入日本，1993年3月扩大到俄罗斯和中亚国家。"周边"及"周边环境"概念的提出和完善，表明20世纪90年代中国领导人的国际政治观完全超越了"三个世界划分"的战略框架。在中国的国际战略规划中，"中间地带"、"两个中间地带"以及"三个世界划分"曾经是冷战时期中国最具独特性的指导性纲领。不过，美苏冷战的对峙结构对中国外交的制约还是很明显的。我们注意到，很长一段时期内中国外交史教材的编排还是按照美苏两强、第二世界及发展中第三世界等展开的。

世纪之交时，中国学术界对周边安全环境的研究与认知已经大为扩展。第一，认识到美国因素对中国周边安全环境的影响是一个突出特点，强调不与美国发生冲突；第二，周边安全环境呈现出地区的差异性，试图按照利益关联性对周边国家分类；第三，明确提出周边安全环境的维护是中国对外政策的首要任务；第四，随着中国经济的日渐崛起，中国学者强调中国在周边不仅可以发挥重要作用，而且也有必要通过加强经济区域合作巩固和提升塑造能力；第五，从战略规划的角度视周边安全环境为国家安全体系的一部分。有的学者认为，中国未来的安

---

① 江泽民：《江泽民文选》（第3卷），人民出版社，2006，第533页。

全战略至少包括"构建周边安全机制，营造睦邻友好的安全环境"。[①] 朱听昌在《新世纪中国安全战略构想》一文中认为，中国的安全战略包括"外交、国防、构建周边安全机制、参与改造国际体系、增强综合国力"五个方面。[②] 可以说，2000 年前后，"周边安全环境"已经成为中国学术界研究安全问题的重要议题，融入国际关系研究的学术体系中。

## 第二节 周边在中国对外关系布局中的地位

传统意义上，外交是国家行为体调整与外部世界关系的一种策略和行为。国家通过对外交往维护和拓展国家利益，拥有与实力地位相匹配的外交能力。随着一国实力地位变化，其对外交往的模式、动力以及成效都将随之改变。中国对周边国家的政策的变革，不仅反映出这种地位变化，也能揭示中国外交出现的"新国际主义"转向，即中国更愿意与国际合作，视全球化为机会，逐渐在地区和全球事务中发挥建设性作用。

中国在思考外部世界时，中国周边的发展经验进入了领导层的安全外交决策过程。对于一个经济上还不发达、现代外交经验相对欠缺的大国来说，经营好周边是一项务实的考虑。中国确立以经济增长而不是"世界革命"为目标，本身是对国际格局与地区秩序转型的反应，而"三步走"现代化目标的阶段性规划意味着中国首先要在经济上超过周边地区，才能缩小与世界先进国家的距离。因此，"周边"概念的诞生也表明中国的对外关系中存在着一种类似经济务实主义的思路。此种经济先行的思路在随后 10 年中国与东盟关系的拓展中起到了重要作用，中国利用经济与政治的相互关联加强了对周边国家的吸引力。

进入 21 世纪以后，中国对以区域合作为导向的周边外交进行了重

---

① 周桂银：《新世纪的国际安全与安全战略》，《世界经济与政治论坛》2000 年第 1 期，第 70 页。

② 朱听昌：《新世纪中国安全战略构想》，《世界经济与政治》2000 年第 1 期，第 1 页。

大拓展。2001 年 6 月，上海合作组织（以下简称上合组织）成立。成立伊始，上合组织就认为，一方面"尽一切必要努力保障地区安全"，另一方面"利用各成员国之间在经贸领域互利合作的巨大潜力和广泛机遇，努力促进各成员国之间双边和多边合作的进一步发展以及合作的多元化"。2001 年 11 月，在文莱举行的第五次"10 + 1"领导人会议上，中国与东盟达成了在十年内建成"中国—东盟自由贸易区"的协议。2002 年 4 月外交部副部长王毅指出，即将进行的中国—东盟自由贸易区谈判"堪称中国与东盟关系史上的一个里程碑，也为中国的周边外交开辟了新的局面"。2002 年 11 月，在第六次中国—东盟领导人会议上，中国和东盟签署了《中国与东盟全面经济合作框架协议》，决定到 2010 年建成中国—东盟自由贸易区。

2002 年 11 月，江泽民在党的十六大报告中指出，中国"将继续加强睦邻友好，坚持与邻为善、以邻为伴，加强区域合作，把同周边国家的交流和合作推向新水平"。自此之后，"与邻为善、以邻为伴"成为中国处理与邻国家关系的原则，而"区域合作"概念首次出现在党代会报告中。从此，区域合作成为中国周边外交的主要方向，中国周边外交开始走出"安全突围"，进入了"利益拓展"阶段。[①]

近十年来，中国的区域贸易增长中，中亚与东南亚两个地区特别突出。同样在这两个区域，中国推动建设的地区安全合作机制也取得重大进展。两种机制建设互相促进，实现了中国周边外交中的"安邻"与"富邻"目标。在中国与中亚经贸关系拓展中，以安全与经济为两大支柱的上海合作组织发挥了关键性作用。中国国家主席胡锦涛 2003 年在上合组织成员国元首莫斯科会议上指出，"毫不动摇地坚持以安全和经济合作为重点，逐步带动其他各领域全面合作的发展思路。"[②] 中国与东盟国家关系的进展更加有利于理解中国周边外交中的"安邻"与"富邻"两大支柱。2003 年，中国正式加入《东南亚友好合作条约》，

---

① 杨毅：《积极推动构建周边合作机制》，《当代亚太》2009 年第 1 期，第 9 页。
② 胡锦涛：《承前启后　继往开来　努力开创上海合作组织事业新局面》，《人民日报》2003 年 5 月 29 日。

与东盟建立了战略伙伴关系。由于经济增长与安全合作同时取得进展，中国的周边外交有了大范围的推进。

2003 年 10 月，中国总理温家宝在出席东盟商业与投资峰会时首次对中共十六大确定的周边外交作了阐述，继十六大确定"与邻为善、以邻为伴"周边外交方针之后，又提出了"睦邻、安邻、富邻"的周边外交政策。在中国的语境中，方针主要是指引导事业前进的方向和目标，而政策是为完成特定任务规定的行动准则，是路线、方针的具体化，更具有操作性。由此，中国的周边外交进一步被概括为方针和政策统一，既有目标也有手段。正如学者指出的，这一政策意味着"中国正在把自己的利益同周边国家的利益紧密地联系在一起以实现共同发展"。① 2007 年 11 月，胡锦涛在党的十七大报告中提出，中国"将继续贯彻与邻为善、以邻为伴的周边外交方针，加强同周边国家的睦邻友好和务实合作，积极开展区域合作，共同营造和平稳定、平等互信、合作共赢的地区环境"。2009 年 11 月，中国国家副主席习近平出席欧亚经济论坛时重申了这一周边战略。

与"周边外交"的进步类似，21 世纪之后中国的外交格局也基本定型。从中共十四大开始，周边国家、发展中国家、发达国家是中国外交格局中的三个支柱，十五大之后增加了多边外交，自十六大之后，排序变为发达国家、周边国家、发展中国家以及多边外交，十七大继续采纳了这种分类。有学者认为，十六大以来形成的这一外交格局是"符合中国国内经济建设这个工作重心的，因此是成熟的，也是理论与实践、政策与主张相一致的对外政策布局。"②

"周边外交"在中国外交政策与外交布局中得到极大重视，并出现了较大进展。具体而言，周边外交具有如下两个特点：第一，中国周边外交的拓展从加强区域合作开始；第二，中国周边外交是战略目标和行动路线的统一。十七大以后，中国周边外交的战略目标是"共同营造

---

① 王光厚：《从"睦邻"到"睦邻、安邻、富邻"》，《外交评论》2007 年第 3 期，第 41 页。
② 张清敏：《六十年来新中国外交布局的发展》，《外交评论》2009 年第 4 期，第 38 页。

和平稳定、平等互信、合作共赢的地区环境"。从三项内容的排序来看，"和平稳定、平等互信"突出了"安邻"的重要性，而"合作共赢"则强调"富邻"。也就是说，中国周边外交实质上以"安邻"与"富邻"为两大操作手段，战略目标则是营造有利于中国现代化建设的地区环境。简而言之，中国政府越来越强调"安邻"与"富邻"的结合，重视地区安全合作与经济增长分享两者之间的关系，这个含义可概括为"政经合一"。

长期以来，中国外交服务于国内经济建设这个战略目标。冷战结束创造了改善国家间关系的机会，大幅度扩大和推进了中国周边外交的范围和深度。随着与周边国家关系的改善，特别是国内政治经济建设的进步，如何进一步利用国际环境（包括周边环境），稳步推进中国的"和平发展"就成为首要的问题。中国需向周边国家解释清楚，中国实力增长之后会让周边国家分享利益，并说明通过什么样的方式实现这种分享。一个强大的中国应该不断改善周边地区的环境，这种环境不仅服务于本国的国内战略目标，而且也要服务于创造一个富裕、和谐的周边。

## 第三节　周边与中国的世界秩序理念

周边在中国对外关系中的地位变化，是因为中国所处的国际环境发生了重大变化，中国必须适应冷战结束后的全球化潮流。在东欧剧变、苏联解体之后，中国领导人认为必须搞好经济才能让中国不倒。中国与周边的发展差距，特别是与东亚"四小龙"的发展差距对国内政治稳定构成挑战，包括统一大业。摆脱共产主义意识形态约束的俄罗斯采取了"休克疗法"，迈向了市场经济。印度拉奥政府也于1991年6月实行改革。全球市场一下子扩大了数倍，经济实力成为国家力量的重要来源。由于经济利益和政治治理都与周边国家息息相关，周边在中国外交布局中的地位上升，中国政府对国家利益的来源及其作用采取了一种务实的态度。

进入20世纪90年代后，中国国际经济的发展越来越呈现出一种亚洲化的趋势，国际贸易的一半以上在亚洲完成。整个 80 年代中国的国际贸易主要在亚洲、欧洲和北美洲之间进行，三个地区的比重基本保持平衡。但是进入 90 年代之后，中国与亚洲贸易的增长速度开始大大超越同欧美国家的贸易。传统的比较优势贸易理论无法解释中国与欧美发达社会的贸易竟然慢于和少于发展中亚洲的贸易，1999 年，中国同亚洲的贸易突破 2000 亿美元，占当年中国总贸易额的 57%。如果加入政治变量，那么就容易理解中国国际贸易的方向与中国外交战略对周边的重视存在极强的关联性。2008 年，在周边国家中，中国占该国贸易比重超过 10% 的有 19 个。其中，中国与印度、伊朗、朝鲜等 6 个国家双边贸易增幅超过 30%，中国首次成为印度最大贸易伙伴，并继续保持日本、韩国的最大贸易伙伴地位。陆上邻国对中国国际贸易的重要性日渐上升，而海上邻国由于日本一国的下滑、韩国份额基本不变而整体上处于下降趋势。这一变动说明了近些年陆上邻国基础设施和贸易便利化的进展。

从 90 年代后期开始，中国领导人已经提出要重视企业如何通过全球市场实现发展壮大的问题。2000 年开始，中国政府提出要"抓紧研究和实施'走出去'的开放战略"。2002 年底召开的十六大提出"坚持'引进来'和'走出去'相结合，全面提高对外开放水平"。此后，中国国际经济合作与海外投资发展迅速，特别是与亚洲国家地区的经济联系前所未有的紧密。根据《2010 年中国对外直接投资统计公报》，截至 2010 年底，中国共有 1.3 万家境内投资者设立对外直接投资企业 1.6 万家，分布在全球 178 个国家（地区），对外直接投资累计净额 3172.1 亿美元，境外企业资产总额超过 1.5 万亿美元。[①] 2010 年中国对外直接投资流量名列全球第 5 位，首次超过日本、英国等传统大国，创造了历史最高值。2010 年在流量的地区分布上，亚洲占 65.3%，大约是拉丁美洲的 4 倍、欧洲的 7 倍、北美洲的 17 倍、非洲的 21 倍、大洋洲的 24

---

① 中华人民共和国商务部、中华人民共和国国家统计局、国家外汇管理局：《2010 年度中国对外直接投资公报》，第 2 页。

倍。

　　随着中国海外投资、对外经济合作、技术援助等急剧扩大，中国外交部门扩展制度积极应对新挑战，海外利益的保护被提上议事日程。2004 年中国外交部设立了安全事务司，专门处理和协调中国海外公民和法人合法权益的保护工作，这项制度建设体现了中国外交"以人为本"的精神。外交制度的变革一方面反映了中国外交理念的变革，同时也意味着中国外交要与时俱进跟上相关行为体的利益变革与需求。中国企业日益增多并复杂化的海外投资与海外经济合作需要中国执行"大外交"，改善对中国国家利益来源、利益维护机制以及拓展手段等的认识。

　　周边地位的上升，还可以看出中国对海上邻国及海上疆域的重视。1995 年 3 月，李鹏总理在《政府工作报告》中首次强调"加强边防海防建设，维护国家领土完整和海洋权益"。1996 年 5 月，中国批准《联合国海洋法公约》，随后召开海军会议，重申了保护海洋权益的问题。中国海军的战略目标已经从保卫领土完整、统一祖国，发展到保护海洋权益、稳定周边海域。1997 年，党的十五大政治报告指出"良好的周边环境"至关重要。由此，可以判断"周边"概念在使用过程中逐渐含有对中国发展海上力量、维护海洋利益的关注。

　　2007 年 10 月，胡锦涛在党的十七大报告中指出："必须站在国家安全和发展战略布局的高度，统筹经济建设和国防建设，在全面建设小康社会进程中实现富国和强军的统一。"胡锦涛的讲话意味着，军事现代化已经摆脱了服从于经济建设的从属地位。2008 年 12 月，中国海军护航编队首次进入印度洋的亚丁湾。2009 年 3 月，外交部设立边界与海洋事务司，专门应对与周边邻国陆地和海洋边界纠纷。2010 年 7 月，中国海军举行了历史上规模最大的一次演习，隶属济南军区的北海舰队、南京军区的东海舰队以及广州军区的南海舰队协同演习，穿过冲绳以北的宫古海峡，进入了浩瀚的太平洋。

　　从海洋、军事的视角看待中国"周边"，中国对外关系的视野、深度和复杂性都将发生变化。与历史上中国长期忽视海洋、不重视经济增长不同，当代中国开展周边外交更加平衡、更具策略性，可以说是以政经合一的方式提升中国的地区影响力。说中国只使用经济手段而不注重安全因素，是对中国周边外交的误解。早在20世纪90年代中期，中国在东盟的会议上就提出了新安全观，并在上海合作组织中进一步加强了地区安全，但周边局势的复杂变化对中国周边战略规划和执行提出了更高要求，更加需要协调安全和经济实力提升之间的复杂关系。

"周边"作为分析层次和中国外交的板块，其内涵逐步扩大，美国尽管不是中国的邻国，但却是对中国与周边关系产生极大影响的"特殊周边"。尤其是从海洋角度考虑的话，中国力量走出东南沿海地区就遭遇到美国及其同盟体系。中国如今与全球经济紧密联系在一起，国内的发展离不开周边环境的保障，一个动乱的周边将为美国介入制造借口，让美国以维护全球利益的口号在中国周边驻军。2011年11月，美国国务卿希拉里·克林顿在《美国的太平洋世纪》一文中宣称："今后10年美国外交方略最重要的使命之一是大幅增加对亚太地区外交、经济、战略和其他方面的投入。"希拉里承认，中美关系是美国有史以来最具挑战性和最具影响力的双边关系，为了管理这种关系，美国的外交政策必须加速转型。实现这一战略转型的重要举措是，美国将把各种外交资源——包括最高级别的官员、发展专家、跨部门团队和永久资产——分派到亚太地区的每个国家和角落。

希拉里所强调的实质是要用美国民主参与模式在中国周边塑造地区安全网络。美国前副国务卿理查德·阿米蒂奇在祝贺野田佳彦当选日本新首相时认为，为了让崛起的中国走上和平道路，美国必须在中国周边打造一个民主国家构成的体系。在这个所谓的"民主之弧"上，日本、菲律宾、澳大利亚以及印度等国家都符合美国人所说的"强有力和活跃的"标准。尤其是日本，其在2010年12月出台的《防卫计划大纲》中，放弃了"基本防卫力量构想"，转而采纳"动态防卫力量"，并首次在西南海域部署自卫队。新的大纲突出了对中国推进军事现代化以及在日本附近海域活动的担忧，作为指导未来10年日本国防政策的大纲如此指向，不能不令人担忧。尤其是，日本新政权试图以南海问题为由头，借美国之威，拉拢印度、澳大利亚以及菲律宾等国，构建约束中国的多边海上安全机制。对中国而言，海洋是国家利益拓展中必须坚持的内容，其挑战是如何让周边国家接受一个改变现状的海洋秩序。

　　"周边"已经成为中国对外关系中的分析层次和政治话语，它是一个具有多个层次的地区体系。在这样一个周边世界中，传统安全与非传统安全交织、发达地区与欠发达地区衔接、霸权国家与地区强国共存。中国给周边国家展示了持续的经济增长，尽管以欧洲经验为基础的国际关系理论认为实力增长必然导致军事扩张，但中国试图摆脱历史的宿命，避免与美国及其盟国发生激烈的冲突。中国的世界秩序理念突出周边，试图使实力增长与地区秩序转型符合一个崛起大国的需求，这样既可以从周边的发展中获得更加贴近中国发展的阶段性目标，也可以通过经营周边来学习、历练外交能力，加强中国对周边环境的塑造。

# 第二章　中国周边：中美博弈与海洋争端

李志斐<sup>*</sup>　　张　洁<sup>**</sup>

中国周边安全形势自 2010 年以来呈现出明显恶化之势，至今仍处于调整之中。在 2010 年，美国启动了重返亚太战略，构筑以遏制中国崛起为目标的"雁形安全模式"，中美对于东亚安全主导权的争夺成为未来 5～10 年影响中国周边安全环境的结构性因素。其中，海上安全是中美的主要交锋点，中国将长期面临来自海上的压力。

在大趋势不变的前提下，中国周边安全的年度形势会受到不同因素的影响。2011 年，是亚太主要国家的大选年，地区不稳定因素明显增加，地区性争端会反弹。事实上，黄岩岛对峙与钓鱼岛争端的不断升级，很大程度上是菲律宾、日本等国对于中国领导人更迭前外交政策的误判所导致，即认为，中国为了保持政权平稳过渡，在外交上会延续韬光养晦的政策。但事实恰恰相反，中国认识到，只有通过积极维权，才能有效维护地区和平，保证国内政局稳定。中国的海洋安全政策出现了明显的转折，强硬立场前所未有。而日韩之间的独岛争端，则与韩国国内政局变化，李明博即将下台有密切关系。

在 2012 年，中国周边安全形势呈现两大特征：第一，中美竞争加速周边国家的分化。为应对中国权势在亚太的扩散，美国实施"再平衡"战略管控东亚格局。中国的近邻日本、菲律宾坚定靠向美国，俄

---

\* 李志斐　中国社会科学院亚太与全球战略研究院，博士。

\*\* 张洁　中国社会科学院亚太与全球战略研究院，副研究员。

罗斯、印度等左右逢源，远邻澳大利亚悄悄改了风向。中国周边国家在美国挤压下进入战略再定位过程，中国周边外交迈向新的历史阶段。

第二，海上争端推动中国海洋政策调整。周边地区的海上争端在2012年达到了新高峰，面对菲律宾、日本的挑衅，中国对海洋安全政策进行了大幅调整，即从过去韬光养晦转变为积极主动维权，牢牢把握实际控制权。海洋政策的进步是中国外交转型和新政的关键所在，发展海上力量是确保中国在周边地区实现维权与维稳双重目标的战略性举措。

2013年，中国将面临四大挑战：一是如何应对中美政府换届后的试探期，这不仅将极大影响新型大国关系的构建，也是中国占领话语权高地的尝试。二是如何应对来自海上争端的挑战，周边国家在美国影响下联动制华的倾向明显，中国势必要更加勇敢、更加坚定、更具战略性地推进海洋强国建设。三是如何应对来自中南半岛的挑战，中南半岛是中国破解美国两洋战略的关键点，缅甸具有战略支点意义，美日印等加速布局中南半岛将构成中国稳定周边的又一考验。

## 第一节　海上争端是影响中国周边安全的主要因素

2012年是周边地区海上争端集中的爆发年，中菲的黄岩岛对峙、中日之间的钓鱼岛争端、日韩之间的独岛（竹岛）争端、日俄之间的北方四岛（南千岛群岛）问题纷争相继发生，并在短时间内迅速升级，成为影响亚太国际关系与地区稳定的最主要因素。

本年度，中国的海上争端具有两个主要特征：一是高烈度与联动性，二是中国立场的转折性。

### 一　中国海上争端的新特征

2012年，中国周边海上争端呈现出较强的对抗性。黄岩岛对峙持续的时间长，对峙双方的维权手段多，而钓鱼岛争端的激烈程度也达到了历史新高点，中日双方持续"斗法"，截止到2012年11月底，仅中国海监船本年度进入钓鱼岛12海里内执法就多达34次，维权力度从未如此强硬。

中菲黄岩岛对峙中最为突出的是，两国执法船只在黄岩岛海域的直接对抗。这种地理空间上的、直接的据点对峙，不仅持续时间长，而且突发性事件发生的可能性也大大增加，中国行政、外交与军事手段的有力配合，彰显了中国海上政策的根本性变化，成为国际关注的焦点。

钓鱼岛主权争端问题已经成为横亘在中日两国间和平合作的最大障碍，争端事态大有愈演愈烈之趋势。2010 年是钓鱼岛主权争端升级的转折点，而 2012 年则集中展现了中日关于二战后国际秩序合法性的争论，钓鱼岛事件已被上升至国际秩序的高度。争端的持续时间从 9 月到 11 月仍然没有结束，随着美国不断地高调介入，中日海上争端将成为影响东亚地区安全最重要的因素。

菲律宾、日本与中国在南、东两个方向发生海上争端并非偶然，两者之间具有很强的联动性。两次争端虽然发生在不同的区域，但涉及国日本和菲律宾有一个共同的特点，就是共同呼应美国重返亚太战略，联合起来对崛起中的中国形成制约，抗衡中国日益增强的地区影响力。

日、菲都是美国在亚太地区坚定的盟友，在争端发生前，日菲合作的紧密度已经有明显加强，日本不仅主动出资帮助菲律宾强化南海警备，还打算帮助菲律宾训练沿海警备部队，并且与菲律宾建立有关南海问题的情报交换体制。黄岩岛对峙后，日本向菲律宾提供 10 艘全新的巡逻舰艇，并与之达成日本自卫队使用菲律宾巴拉望岛或吕宋岛的美军基地的协议。此协议的达成，标志着日本自卫队今后可能在菲律宾的美军基地进行长期驻扎，这不但意味着如果发生战争或冲突，日本就可以"方便"地对美军进行支援，而且意味着日本的势力正逐步进入南海，可以通过自身力量来保证日本海上生命线在南海海域的畅通，同时还可以"视情况"而对中国的南海行动进行牵制。

## 二　海上争端缘何必然发生

随着中国国力的增强和海上经济利益的凸显，中国力量向海上发展已经成为必然趋势。2010 年，中国国家海洋局发布《中国海洋发展报告 2010》，表明中国海洋战略的总目标是"建设海洋强国"，为此，中国要扩大管辖海域，维护中国在全球的海洋权益，建设海洋经济强国，同时形成海洋防卫战略和海洋科技战略。也正是这一年，围绕中国的海上争端开始逐渐增多，周边国家认为中国在近海地区确立主导地位的意图日益明显。

中国成为海洋强国的梦想和努力，注定面临来自美国和周边国家的直面阻挠。对于美国来说，中国过去是一个传统的陆权国家，其军事影响力基本限制在陆地领域，对海洋领域的延伸极为有限，不会对美国在海域的军事影响力形成有效威慑，更不会对美国的全球领导地位产生实质性的影响。但如果中国一旦成为海洋强国，那么中国将拥有陆海兼备的大国实力，直接对美国的全球领导地位形成严重威胁，特别是其亚太盟国体系将不可避免瓦解。因此，如果中国继续着海洋强国的梦想，那么美国势必将与中国发生激烈的对抗。2012 年美国在黄岩岛对峙和钓鱼岛争端中的"拉偏架"充分反映出美国的焦虑与不安，它试图通过对同盟伙伴的支持，遏制中国的向外发展。

对于周边邻国来说，中国的海洋强国梦同样会刺激他们联手牵制。日本自古以来就视自己为海洋强国，中国是陆地强国，作为中国近邻，中国积极寻求成为海洋强国的努力被日本视作是一种严重的传统势力范围侵犯与外来威胁。日本在钓鱼岛问题上步步紧逼，毫不退让，在南海问题上推波助澜，都是在用实际行动对抗中国践行其海洋战略的举措，未来中日在海洋安全领域的摩擦将会不断上升。

虽然中国和俄罗斯之间已经建立了战略伙伴关系，但俄罗斯并不希望中国成为亚太地区乃至全球的真正领导者。近期，俄罗斯与东南亚国家签订大量军售合同，向越南出售大批先进战机、潜艇、军舰和反导弹系统，帮助其提升军事实力，并且还计划在金兰湾重建军事基地，俄罗斯的举动充分说明了其打算利用东南亚防范中国之心，联合起来在南海问题上为中国制造"绊脚石"，阻止中国的海洋强国步伐。而印度则担忧中国的海洋实力不断强大会威胁到印度在印度洋的利益和安全，所以就利用各种机会在南海问题上频频动作干扰中国。

但是，正如2012年11月中国国家主席胡锦涛在中共十八大报告中所指出的，"提高海洋资源开发能力，发展海洋经济，保护海洋生态环境，坚决维护国家海洋权益，建设海洋强国。"这意味着，中国从陆地大国转变为海洋强国已经上升为国策，中国海上维权和海洋能力综合建设的步伐将是不可逆转的。但是，实力的增长是客观现实，实力是否构成威胁是主观判断。中国如何让周边国家相信中国和平崛起的真实愿望，周边国家如何与崛起中的中国共处，是各方面临的重大问题。

### 三　中国的海洋安全政策

对海上争端的处理已经不仅是领土领海问题的解决，而且直接影响到中国能否实现崛起，以及选择何种崛起路径，未来中国需要全面重视海上争端的处理对策建设，从对内对外两大维度构筑实施海洋战略的路径。

**1. 对内层面：设计海洋安全战略，增强海洋军力**

从新中国成立至今，中国始终缺少一个完整的海洋战略。自2010年以来，中国的海上维权活动中，职能部门带动决策部门，地方带动中央的特征明显。这一方面说明了中国的外交参与主体日益多元化，但另一方面也说明中国的海洋安全政策是应激反应型的，缺乏统一的战略和目标。相对于中国提出的海洋强国目标，实施政策具有明显的滞后性。

未来，中国面临的紧迫任务是制定海上安全战略。海上安全战略共包括两个层面，一是运用政治或军事手段实现对涉及国家利益的海域的事实控制权；二是对该海域的海洋资源进行开发利用，担负维护海域秩序的责任。中国的当务之急是要首先确保第一层面的海洋安全战略的实现。

中国正处于不断崛起的阶段，经济发展对海上安全的需求日见增多，势必要求中国必须将国家利益拓展到国土范围以外的区域。中华民族要实现伟大复兴，成为一个海权国家是必由之路，而海洋安全战略则是实现目标的指导和根本。中国海军未来的战略任务基本涵盖三个层次：近海防御，保护领海和领土完整与权益，确保中国海上生命线的畅通。

近些年，中国的海军装备大面积升级，总体规模和兵种装备的完整性和执行作战任务的多样性已经升至世界各国海军的前列。2012 年 12 月，习近平总书记担任军委主席后首次签署命令晋升二炮司令员魏凤和同志上将军衔，凸显了二炮在未来军事作战中的重要作用。

除了战略和军事上的准备之外，中国不断加强对海洋经济的发展，尤为突出的是，国务院在最近几年已经陆续将山东、浙江、福建、广东批准为海洋经济区，推动海洋新型产业发展，扩大海洋资源的利益受众范围。

**2. 对外层面：多管齐下，化解风险**

在警惕海上争端联动性对中国周边安全引发消极影响的同时，也需要看到，周边国家尽管在牵制中国的目的上是一致的，但仍存在矛盾和互疑，这为中国的政策调整提供了选择空间。

首先，在黄岩岛对峙发生后，东盟未对菲律宾形成统一支持。从目前来看，东盟的立场出现了明显分化，内部矛盾突出，菲律宾处于孤立状态，其根本原因是多数东盟国家希望保持本地区的和平与稳定，加强区域经济一体化建设。未来，东盟国家在南海问题上将主要集中于通过南海各方行为准则来制衡和约束中国。

其次，美国盟友间矛盾重重，日本在海洋问题上面临多重挑战。

2012 年 8 月 10 日，韩国总统李明博突然登上了韩日之间存有争议的独岛，成为韩国建国以来首位登上该岛的国家元首。这一举动引发了日本的强烈抗议，韩日关系急速冷却，独岛之争甚嚣一时。独岛问题既是领土主权问题，又与历史问题和海洋权益缠绕在一起，加之涉及美国的东亚政策，从而深刻影响韩日关系和东亚地区的合作。

韩日都是美国的同盟国，对于两国之间的摩擦，美国一再表示"韩日间发生纷争对美国来说是一件'不太舒坦'的事情"，并重申"希望两国通过对话和平解决有关问题（独岛主权）"。对美国来说，独岛归谁并不重要，重要的是不能因为岛屿之争而影响了美国同盟间的关系，更不能影响美国的战略利益。

除了独岛之争，日本与俄罗斯在千岛群岛的较量也再度升温。千岛群岛资源丰富，地理位置重要，对千岛群岛在内的远东开发是俄罗斯亚太经济战略调整的重要一环。2012 年 7 月 3 日梅德韦杰夫视察了该岛，11 日梅德韦杰夫重申，千岛群岛无疑是俄罗斯土地非常重要的部分。在俄罗斯眼里，南千岛群岛是俄罗斯遏制日本挑战地区格局、减缓日本成为政治大国步伐的重要棋子，是与日本进行地缘政治博弈的重要战略平台，可有效钳制日本的战略扩张空间。俄罗斯领导人冒着使俄日关系火上浇油的风险视察该岛，其最重要的目的是打压美国在亚太的重要盟友日本，牵制美国重返亚太。因此，普京重新成为俄罗斯掌门人后，俄罗斯会充分吸取亚太养料促进远东发展，继续利用千岛群岛与日本进行地缘博弈，日本在海洋问题上的四面楚歌会持续上演。

## 四 中国周边地区海上争端的发展趋势

无论是黄岩岛事件，还是钓鱼岛问题，各方都未能找到彻底解决问题的路径，而是通过不断强化对争端领土的实际占有，使对方不得不承认现实。在这两次争端中，各方虽然都做出"不怕决一死战"的态势，但可以看出武力并不被各方认为是优先选择。

同样是中国海上争端的对手，日本和菲律宾无论是综合国力，还是海上实战能力，都远非同一级别。虽然菲律宾在短时间内密集采取了多种手段，但中国通过打出一系列有力的组合拳，恢复了对中沙群岛的实际控制。菲律宾仍然试图反扑，但是鉴于国家实力的差距，形势逆转的可能性不大。关于钓鱼岛争端，情况要复杂得多。除了获得美国的军事支持外，日本自身海上武装力量和其潜在的作战能力要远超菲律宾，中国很难凭借武力进行威慑，完全实现对钓鱼岛的实际行政管辖，这一点是中国处理钓鱼岛问题时应考虑的重要参数。

黄岩岛对峙与钓鱼岛争端的发生，使日本和菲律宾等东南亚国家在海洋问题上的立场趋同，外交与军事互动日益增强，它们谋求建立更为广泛的对华联合阵线。因此，这些国家很可能会将双边问题扩大为多边问题，甚至上升为具有地区安全格局意义的普遍性问题，对中国实施强大的外交和安全压力。

## 第二节　美国的亚洲再平衡与中国的周边安全态势

2009 年美国提出"重返亚太"，2011 年又抛出"太平洋世纪"的概念，时至 2012 年，美国时任国防部长帕内塔直接把美国的亚太战略贴上了"再平衡"的标签。短短三年，一系列新概念的出台标志着美国亚太战略的逐步深化。2012 年 11 月，奥巴马连任后出访的第一站就是东南亚国家，再次高调宣布了美国重视亚太地区的决心。

### 一　"雁形安全模式"与美国的亚洲再平衡战略

2010 年开始，美国借道双边同盟、积极重返亚洲，在地区安全秩序上试图构造"雁形安全模式"。美国重返亚洲加大了周边国家对中国的离心力，中国与周边国家的关系明显开始向不利方向变化。

在美国的带领下，亚洲形成了一种以美国为领头雁的"雁形安全模式"。在这种模式下，第二梯队是美日、美韩同盟。借势朝鲜半岛的争端，美、日、韩又进一步磋商三边军事同盟。"雁形安全模式"的第三梯队是美国与澳大利亚、泰国和菲律宾等盟国的关系。第四梯队是美国与越南、印度尼西亚、印度的关系。特别是，美国强调东盟作为地区多边主义支点的重要性，同时承诺将提高印度的国际地位，尤其是赋予印度联合国安理会常任理事国的地位。

在美国试图塑造的亚洲地区安全秩序中，美日同盟、美韩同盟是"雁形安全模式"的第二梯队。尤其是美日同盟被置于首要位置，是美国在亚太地区接触的"基石"。2010 年是美日同盟建立 50 周年，美国高调要求日本复兴军事同盟关系，尽管日本民主党的鸠山政权初期不打算应承，但随着中日钓鱼岛撞船事件的发生，日本迅速改变了其政策，强化了同盟关系。美韩同盟也因"天安号"事件和朝鲜炮击延坪岛事件而进一步强化。7 月 21 日，美韩举行两国历史上首次"2 + 2"会议，决定深化和扩大同盟合作。此后，美日韩逐步走向三边同盟。在 12 月初举行的美日韩三边外长会议上，美国国务卿希拉里认为，美国与日本、韩国的条约同盟是数十年来亚洲和平与稳定的基石，而日本与韩国的伙伴关系又有助于这种稳定与合作的三角关系。三国外长会议进一步强化了这种关系。

构成"雁形安全模式"第三梯队的，是美国与泰国、菲律宾、澳大利亚的密切合作。美国启动了与泰国的《创造性合作伙伴协议》，与菲律宾签署《千年挑战和约》，以加快菲经济发展，减少贫困。美国和菲律宾计划于 2011 年 1 月首次举行两国间的"2＋2"战略对话。美国和澳大利亚于 11 月 8 日举行 2＋2 会议，双方表示要强化军事与防务合作关系。美澳两国官员同意设立一个工作组，探索加强双方军事合作的方案，其中可能包括美国军队使用澳大利亚的港口、机场和军事基地等。

该"雁形安全模式"的第四梯队则是美国与越南、印度尼西亚以及印度的关系。7 月份，美国国务卿希拉里依次访问了阿富汗、巴基斯坦、韩国以及越南。越南总理在东亚峰会上表示，金兰湾将再次开放，与外国海军共享。尽管越南方面表示，越南不会成为美国的军事盟友，不依靠美国实现其安全方面的目的，但鉴于越南在东盟的地位，此举给东盟造成的影响还有待考察。奥巴马访问印度加强美印关系，尽管截至 8 月底美印贸易只相当于中美贸易的 1/9，但美国认为印度是一个像中国那样在未来可以取得经济业绩的巨人，某种程度上也具有对抗中国地位的战略意图。而印度尼西亚则是该地区最大的伊斯兰国家，也是美国总统奥巴马的出生地。

第四梯队呈现出网络化发展趋势，是美国塑造亚洲地区秩序的最广阔依托。印度学者曾提出了一个具有广泛影响力的观点，即中国寻求一个多极世界、单极亚洲的格局，而美国需要的是一个单极世界、多极亚洲。也就是说，中美双方对亚洲地区秩序的理解存在显著的差异。美国一贯以塑造地区秩序来彰显实力，现在轮回到亚洲了。希拉里 9 月份在美国对外关系委员会的讲演中，提到与"地区"相关的词语的次数就达 24 次，并且显著地重视亚太地区。

奥巴马政府强调亚太地区的新局面要求搭建新的机构性架构，以最有效地实现合作前景、建立互信并减少竞争摩擦。希拉里 1 月 12 日在夏威夷专门就亚洲的地区性架构发表讲话，阐明指导美国与本地区进行积极接触和发挥领导作用的五项原则。尽管希拉里强调美国在亚太各种机构中的参与和领导作用可以让各方受益，但实际上美国的利益最终实现了最大化。

美国非常重视东盟的作用。希拉里于 10 月 28 日出访亚太地区之前在夏威夷发表的政策讲话中，提到美国把东盟视为东亚地区正在形成的地区性结构的支点，是"诸多政治、经济和战略问题上不可或缺的机构"。美国去年签署《东南亚友好合作条约》，为加入东亚峰会铺平了道路。2010 年，希拉里参加在河内举行的东亚峰会，美国也表示 2011 年东亚峰会在印尼召开时，奥巴马总统会重返印尼。日本媒体称，这标志着亚洲迎来以中美日为核心的新一轮博弈。

除此之外，奥巴马政府致力于扩大跨太平洋经济伙伴关系，即《泛太平洋战略经济伙伴关系协定》（TPP）。美国向 TPP 的迈进，可能有助于重新确立美在未来地区经济一体化讨论中的领导地位。马来西亚学者认为，未来该地区的经济前景可能由三个不同区域强国主导的彼此重叠的模式构成。美国将主导 P8（2006 年 5 月，美国、澳大利亚、秘鲁和越南打算将 TPP 的成员国从 4 个扩展到 8 个），而中国将寻求全东亚自由贸易区（EAFTA），日本将寻求东亚全面经济伙伴关系（CEPEA）。美国试图拾起亚太经合组织的遗产，在泛太平洋地区构建自由贸易区。在某种程度上，这分离了目前正在谈判的中日韩自由贸易区的势力，并且还与中国—东盟自由贸易区形成一定的竞争关系。

在美国看来，一个没有美国参与的东亚新秩序是不能容许的，美国参与亚洲的目的是维持和增强美国在亚太地区的领导力。无论是东亚峰会的扩容，东盟 10 + 8 防长会议机制的建立，还是《泛太平洋战略经济伙伴关系协定》（TPP）进程的强势推进，都潜藏着亚太地区国家对中国崛起的不适应和对中国崛起方式的深度疑虑。

## 二　美国亚太战略的新发展：再平衡战略

"再平衡"战略无非打着"一个中心、两个基本点"的算盘。"一个中心"即以保住美国在亚太的"老大"地位为中心。"两个基本点"即"党同"与"伐异"，一是通过"不忘老朋友（巩固老同盟关系）、结识新朋友（扩大新伙伴关系）、扩大关系网（主导多边机制）"进行"党同"，二是通过挑动亚太纷争、捞取渔翁之利、打压中俄等异己进行"伐异"。

美国"再平衡"战略由三大平衡组成。第一大平衡是战略与安全方面的"再平衡"，主要与军事领域相关。军事领域的战略再平衡涉及地理上的再平衡和能力的再平衡，地理上的再平衡包括调整美国的地区战略、军事部署以及武装力量结构以应对挑战和把握机遇，而军事能力方面则指在硬件、系统和技术方面的投入，在面对迅速出现的区域军事挑战时，这种投入是建立一支维护美国及其盟友安全和利益的武装力量所不可缺少的。

第二大平衡是巩固和更新同盟关系，创建新的伙伴关系和新的同盟。美国与日本、韩国、澳大利亚、泰国和菲律宾属于紧密的同盟关系，与印度、新加坡和印度尼西亚形成伙伴关系，美国将以这些关系作为基础增进与其他国家的关系。

第三大平衡是经济领域的再平衡。TPP是美国重返亚洲的经济"抓手"，虽然美国不是TPP的首倡者，但美国很快主导了TPP进程的方向。美国战略的一个重要方面是尽快将日本拉入TPP，从而使美日两国在TPP架构中处于绝对优势和主导地位。

"再平衡"本身是美国在全球范围内力量收缩的产物。但推行"再平衡"的终极目标之一是维持和强化美国在亚太地区的优势和支配地位。随着奥巴马第二轮执政的开启，"再平衡"政策的地区效应正日益显示出来，尤其是俄罗斯、印度等地区大国，因美国重返亚太战略的推进而随之作了相应的战略调整，这势必会对中国周边环境产生影响。

### 三 周边国家对"再平衡"的反应

美国是影响亚太地区安全的最重要的国家，其亚太战略的调整牵动着亚洲各国的"心"。面对"再平衡"战略的出台，各国做出了不同的回答。

俄罗斯认为，要积极应对美国的"再平衡"战略，但如何应对，却存在分歧，一派主张"助美制华"，提出俄罗斯要在中美之间保持"中立"，甚至帮助美国制衡中国，使俄罗斯国家利益实现最大化，这样俄罗斯既可以避免"卷入超级大国冲突的风险"，又可"坐山观虎斗"，谋取"渔翁之利"。另一派则主张"协作制美"，认为美国在亚太的影响力上升会损害俄罗斯利益，俄罗斯应与中国等亚太新兴国家加强战略协作关系，以及加强与金砖国家、上海合作组织等的多边框架内的协作，以制衡美国及其盟国在亚太的影响力。"协作制美"得到了俄罗斯大部分学者乃至高层决策者的赞同。

在普京的主导下，俄罗斯开启了"双头鹰东飞"的战略调整。俄罗斯逐步增加"欧亚主义"在国家战略思想中的分量，更加重视亚太对其依托"欧亚联盟"实现全面复兴的支柱作用。在经济上，金融危机与欧债危机使俄罗斯的西方市场萎缩、自身经济困难，其经济战略由过于重视西方调整为更加重视与亚太的经济联系。在安全上，俄罗斯实行相对中立与全方位合作的安全政策，尤其是将近半陆军精锐兵力和多数海军主力舰艇部署在远东地区，以提高对亚太事务的"话语权"，削减美国反导体系和北约东扩挤压其西部战略空间的压力。在外交上，俄罗斯加强同亚洲主要国家的关系，特别重视与中国和印度发展战略合作伙伴关系，加深与其他国家的多层面合作，注重参与东亚峰会等亚太多边机制。

俄罗斯与印度、越南等加强关系既有利于平衡中国崛起对区域格局的压力，又可以对美国"再平衡"战略形成牵制，获得"一石多鸟"的收益。奥巴马连任有利于改善俄美关系，美国可能会调整一味打压俄罗斯的做法，更多采取又打又拉的策略，不排除美俄在亚太某些问题上一定程度的合作。

俄罗斯对中国的"选择性战略协作"，在一定程度上抵消了美国在亚太地区构建政治、经济与外交、安全上努力占据主导地位的攻势，减轻了中国单独应对美国"再平衡"战略的压力。但俄罗斯的重返亚太对中国所带来的挑战也不可小觑。俄罗斯对华外交的实用主义和投机色彩愈来愈浓厚，与中国的战略协作更多表现在借助中国平衡美国的压力，在其他问题上的协作较少。俄罗斯认为，中国一定程度上是战略与经济上的竞争对手，对中国的崛起既存炉忌，也忌讳成为中国现代化的原材料附庸。因此，俄罗斯在亚太岛屿争端、美国"再平衡"战略等问题上表现出两面性。俄罗斯明里声称希望和平共处，暗里庆幸纷争迭起。俄罗斯的重返亚太与多元实用主义外交会增加中俄两国的战略互疑或战略防范，加重双方在对方战略中地位和利益会合点有限的弱点，从而不利于中国周边环境的改善。

印度作为中国周边地区另一重要邻国，在美国的亚太新棋局中，地位和作用正越来越受到关注和重视，美国拉拢印度以实现自身"再平衡战略"并非仅仅停留在官方的"口头赞美"上。从2011年开始，美国就将亚太地区定义为"从印度次大陆至美国西海岸"的地区。印度也给予了积极回应，国内战略界随之提出并开始大力使用"印度太平洋地区"这一新词汇，美印在地缘维度出现了对外战略重点的会合。

对中国而言，美国战略重心东移导致周边安全环境恶化，但对印度来说，美国的再平衡战略为印度提供了前所未有的机遇，对外环境利好趋势进一步强化。自2010年以来，在后危机时代大国关系出现结构性变化的背景下，印度正在成为各大国外交的新宠。印度对外环境的利好变化一方面来源于印美关系深化的推动，另一方面来源于其他国家的意识形态视野下的对印度实力发展的"有益论"认知。美国政府认为，与印度的国防合作是美国实现再平衡战略的关键，美国明确欢迎印度更大范围地参与亚太与全球事务，并且宣称印度不仅是地区强国也是全球强国。

印度对美国战略调整表示欢迎，这为印度实现亚太战略提供了前所未有的机遇，但对成为美国抗衡中国的"棋子"而丧失战略自主存有顾忌。2012 年 6 月，美防长帕内塔访问印度并与印国防部长安东尼举行会谈时强调与印度的安全合作是美国新战略的关键，但安东尼却明确表示在亚太地区需要强化多边安全框架，并以一种相关国家都感到舒服的步伐来推进，建议美国"重新校准"或"重新思考"其新战略。所以，印度更希望与美国形成一种"伙伴关系"，而不是可能刺激中国并有可能与中国为敌的"盟友关系"。

鉴于阿富汗和巴基斯坦形势，以及中国对美国战略调整的反应，印度对美国再平衡战略持保留态度。目前及未来几年内，印度与美国，是战略伙伴，是朋友，但绝不是盟友；印度与中国，是竞争对手，是合作伙伴，但绝不是敌人。尽管美国推动再平衡战略，印度与美国、日本、越南甚至澳大利亚的双边、三边和多边战略与防务合作也不断深化，但这也为中印双边合作提供了前所未来的机遇。中国防长访问印度，主动破解与印度防务交流困局，是非常及时的，也是非常必要的。

蒙古国，作为一个夹在中、俄之间的内陆国家，为避免重现冷战时期被边缘化的孤立状态以及达到平衡与中、俄关系的目的，制定并大力推行"第三邻国"外交。蒙古国的"第三邻国"确指以美国为首，包括日、欧盟、印度、韩国、土耳其等东、西方国家或联盟。从这一排序不难看出，美国是领头羊，其次是与美国结为军事同盟的日本，再次是与美国犹如"孪生"的欧盟，老四、老五是与美国关系不一般的印度和韩国，一句话概括，所谓的"邻国"基本是以美国同盟体系国家为主。

近年来，蒙古国与"第三邻国"在政治、经济、文化、军事以及外交领域的双边合作与交流不断扩大，取得了丰硕成果。蒙古国获准申请加入欧安组织、与北约成为合作伙伴关系以及受邀参加在美国芝加哥召开的"北约峰会"，标志着蒙古国与"第三邻国"的关系越走越近，而与中、俄两国关系呈现出渐行渐远的趋势。蒙古国每年都与美国、日本、韩国举行双边或者多方合作各类名目繁多的军事演习。军演有助于提高蒙古国军人素质和军队应急能力以及国际合作能力，但如果被

"别有心"的目的取代，就成为一种威慑性活动。

从美国与中国周边国家的关系看，美国在蒙古国的活动是"项庄舞剑，意在沛公"。美国进入蒙古国看重的是"这个国家的重要的地缘战略价值"，为的是"监视和牵制中、俄两国的战略动向，强化自身在亚太地区的优势"，其军事目的显而易见。

日本与蒙古国在 2010 年将全面伙伴关系提升为战略伙伴关系。日本是蒙古国的第三大贸易伙伴国家，是"对蒙古国的最大援助国"。现在，蒙古国与美日、美韩军事联盟关系处于"密切期"。而中国与美国同盟体系国家关系比较复杂，既有领土问题，又有经济竞争伙伴关系。但在制衡中国问题上，美国同盟体系国家有共同的利益。这些势力进入蒙古国能否稳固中国北部已经构建起来的安全环境是一个未知数，需要做出必要的理性判断和防范。

与过去相比较，美国的"再平衡"更积极重视与东南亚国家的关系，而东南亚对美国的"再平衡"则更多是矛盾的心理。其实早在2007 年，新加坡资政李光耀等人通过演说和文章等多种渠道，力邀美国"回归亚洲"，李光耀的态度代表了大多数东南亚国家的心理意图，即，借美之手抵消中国影响，重建地区力量平衡，恢复东盟主导地位。东盟"欢迎"美国回到亚洲的根本目的是为了当地区领导，所以，美国和东盟围绕地区领导权的潜在竞争会逐步显露出来，两者虽然为了牵制中国的共同目的而"走在一起"，但两者的关系从根本上属于"权宜性的联盟"，东盟为了自己的根本目的，必然会不仅仅同美国合作，还会多方经营，同时发展与中、俄、日、印、欧等其他大国的关系，巧妙地维持外在关系的"再平衡"。

## 四　美国重返亚太的不确定性：实力与意愿之间的差距

美国的再平衡战略是针对中国实力上升和中国影响扩大的战略谋划，其战略动机具有双重性：分享亚洲经济高速增长的成果；遏制中国权力的迅速扩散。2012 年以来，在中国与周边国家因岛屿与领土争端导致双边关系紧张甚至倒退的背景下，美国与日本、菲律宾、越南和印度等国的双边、三边或多边战略互动则进一步深化，中国周边安全环境的复杂性达到新高度。

**1. 美国的国内因素与外交政策的相关性**

奥巴马新任期内，美国政府的要务包括在新阿拉伯世界站稳脚跟，解决国内财政困难，妥善处理民主党与共和党关系，以及进行税务改革和应对气候变化。即使推行强硬路线的坎贝尔—希拉里"轴心"不复存在，美国政府在外交和安全领域作出重大调整的可能性也不大。较之第一任期，奥巴马可能将不得不把更多的战略资源投向中东，同时致力于解决复杂而棘手的国内经济和社会问题。但美国不可能坐视中国或其他亚太国家主导亚太秩序，也不会就此改变"重返"亚洲的战略选择。

奥巴马新任期仍将面临复杂的挑战：伊朗仍然在发展其核武能力，叙利亚陷入内战且可能危及黎巴嫩、伊拉克和巴林；中国也可能对外强硬以缓解国内压力。持续的欧债危机威胁全球经济复苏，俄罗斯期待签署新的战略武器控制协定。

因此，奥巴马需要迅速做出决断，考验伊朗是否有签署约束自身核武发展的意愿；如何领导各国在叙利亚确立后阿萨德政权的秩序，特别是在现阶段如何武装反对派组织；在亚太地区，奥巴马政府需要通过鼓励美国和两个崛起的亚洲巨人——中国和印度合作的方式来具体落实其在亚洲的"转身"策略。需要考虑以何种速度和方式来终结阿富汗战争。

**2. 同盟国家的选择性对待**

黄岩岛对峙和钓鱼岛争端相继发生，严重地挑战了美国在西太平洋海上安全领域的权威性。美国在两栖争端中对菲律宾和日本的两种不同态度，凸显了其在亚太地区的不同安全考量。

随着中国成为世界第二大经济实体，美国加强对中国的遏制，而日本是美国遏制中国的重要棋子。2012 年的中日钓鱼岛争端中，美国立场明显站在日本一边，并以日美安保条约牵制中国。特别是美国推出的重返亚洲政策，使其在插手、干涉亚太地区事务中表现出明显的积极态度。2010 年 11 月，美国甚至提出"中美日钓鱼岛对话"的提议。此后，美日更是举行以钓鱼岛为目标，以中国为假想敌的大规模联合演习，威慑中国。这也暴露出美国以介入钓鱼岛争端为借口，牵制中国、控制日本、领导亚洲的意图。

而在黄岩岛问题上，美国的干预较少，因为美国深知，尽管菲律宾和日本都是美国的同盟国家，但菲律宾是美菲同盟的完全受益国家，而日本则可以承担离岸制衡的角色，美日关系是美国西太平洋安全体系的基础，其重要地位无可替代。所以，美国在一定条件下可以接受中国非全局性"压倒"菲律宾的现实，但不能承受中国"彻底压倒日本之痛"，在形势恶化之时，美国必须做出非此即彼的选择，而选择项不可能是中国。

未来，美国必然会更明确地表现出自己积极介入海上争端的姿态，中国或者做出适时妥协，照顾美国关切的回应，使美国权威在"面子"上增强，或者选择直接和美国对抗，那么结果就是中美关系负面因素增多。但无论中国选择何种回应姿态，有一点是肯定的，即，期待美国自动减少介入都是"奢想"。

**3. 同盟国与伙伴关系的不同反应**

美国推行"再平衡"所不可或缺的几个重要"伙伴"对美国也并非言听计从。印度难以完全支持美国的"再平衡"战略，因为该战略可能冲击亚洲的均势格局，还可能将印度完全置于与中国直接对抗的不利态势之下。因此，印度防长在与美国防长的对话中试图提醒对方，强化亚太多边安全架构的进程过于仓促。印度防长甚至还提出印度将按自己的节奏来参与印美合作。

越南在南中国海问题上期望借助美国来平衡中国，但美越在人权、民主等问题上的尖锐分歧及越南对美国"和平演变"的担忧，又使美越两国之间难以建立真正的信任。只要越南的领导人和执政党不换，美国就不可能在政治、经济和安全领域满足越南所有要求，对此越南领导人有着清醒的认识。因此，美越这种新建立的"伙伴"关系有其局限性和脆弱性。由于越南领导高层对美国真实的战略意图仍然存有疑虑，美越双边关系主要还停留在象征性行为上，双边关系的进一步发展存在着瓶颈。

综上所述，美国"再平衡"战略的实施存在着意愿与实力的差距问题。从美国的"太平洋世纪"，到战略上的"转身"，再到"战略再平衡"，一系列概念的提出，可以看出在霸权的相对衰落期，美国正寻求以最有效率，最能取得实效的方式参与亚太事务。当然，维持美国军事力量部署和军事力量结构的"再平衡"将代价昂贵，需要美国国会参众两院的同意。目前，美国国会内部两党已经形成共识，削减在亚太的投入会损害美国的利益与安全。

## 第三节　2013 年周边安全形势的走向

2013 年，中国的周边安全形势的发展存在着一定的确定性，即中美在亚太地区的博弈，美国将会继续利用海洋问题作为"迎合点"和"切入点"，去拉拢亚太安全盟友，遏制中国崛起。而在 2013 年，中国必将继续以强硬的姿态来维护海上领土主权，加强对南海和东海的实际控制。

2013 年中国周边安全形势还存在着很大的不确定性，即，美国"再平衡"战略能否如其所愿顺利推进。国务卿希拉里的继任者尚未出炉，能否像高威望、"硬能力"的希拉里一样坚定不移地推行重返亚太政策至今还是未知数。另外，美国财政预算消减，其军费开支缩水，能否有财力支持其继续扩大在亚太的军事部署和实力扩展，支持其在亚太海域持续举行大规模、高密度的军事演习，这些亦未可知。如果美国的"再平衡"战略不能按照计划顺利推进，那么中国周边安全形势就会存在很大的变数。

2013 年，中国需要面临四个应对。第一，中国如何应对中美试探期。2013 年是中国新一代领导人正式走上执政舞台的一年，外交政策的调整还需要时间。中共十八大报告指出，要推动建立长期稳定健康发展的新型大国关系，美国作为对中国最为重要的世界大国，在未来中国的对外关系中将继续占据重要位置。2012 年恰逢中美两个大国的新政府执政，会迎来一个政策的调整期与试探期，中国在这段时期内将如何应对不断推出亚太新政策和新战略的美国，是一个挑战。

第二，中国如何应对来自中南半岛的挑战。

作为太平洋和印度洋的交汇点，中南半岛在美国亚太战略版图中的地位正在不断被强化。奥巴马在第二任总统生涯之初就选择政治局势正处于变动时期的缅甸作为出访点，其意义可谓深远。对于中国来说，中南半岛不仅对于中国的南部和西南部地区安全具有重要意义，而且中缅的能源合作对于中国具有极为重要的战略意义。被称为中国突破马六甲困局的第三条战略能源管线的中缅油气管道计划将于 2013 年建成，但缅甸局势发生的变化，国内爆发的民族冲突以及围绕油气管线攻击中国的声音，美国改变对缅政策和关系，势必将加剧缅甸内部政治局势的复杂性和不确定性，对中缅能源合作产生新的挑战，威胁中国的能源安全。因此，在这种地缘背景下，未来如果不能够确保中南半岛稳定的话，无疑将对中国整个周边安全形势提出非常大的挑战，因此从整个未来中美在亚太地区的格局和博弈来看，思考如何应对来自中南半岛的挑战对于中国意义重大。

第三，如何应对来自海上争端的挑战。

钓鱼岛领土主权问题无论对中国还是对日本来说，都已经成为双边关系的重要议题。本次钓鱼岛主权危机正好发生在中日两国政权更迭交替的时间节点上，也就是说，两国在未能化解钓鱼岛危机的情况下，先后进行领导人改选，这意味着解决钓鱼岛问题要由双方的新领导层来处理。习近平在出席中央军委扩大会议时强调，"坚决把国家主权和安全放在第一位，坚持军事斗争准备的龙头地位不动摇，全面提高信息化条件下威慑和实战能力，坚决维护国家主权、安全、发展利益。"这一表态展现了中国新一代领导集体捍卫国家领土主权的决心。

另外，从日本角度看，日本政府的图谋是永久占领钓鱼岛，2012年日本政府将钓鱼岛的管辖权从个人手中接过来，实质上是为其一贯主张的"实效取得领土原则"做铺垫，也是变非法为合法。可以预见，日本政府无论谁执政，都会将"国有化"贯彻到底，因为唯有此才能以"实效原则"达到永久占领，而这是石原慎太郎等个人或者地方政府无法办到的。总之，无论今后哪个党派执政、无论谁上台把握政权，都会在钓鱼岛主权问题上采取强硬立场。

从中国的角度看，日本在钓鱼岛主权归属问题上对中国妥协的可能性几乎为零，故中日在东海海域保持对峙或许会成为一种常态。长远来看，中日钓鱼岛争端未来发展趋势仍存在许多不确定因素。未来如何加强对钓鱼岛更有效的法律保护和维权行动、争取在钓鱼岛主权争端中变被动为主动，仍是中国应进一步考虑的问题。

随着中国继续朝着复兴之路前进，无论是中美关系，还是中国与周边国家的关系，都是中国必须应对的巨大挑战。一方面，实力增长势必推进中国权势的外溢，无论这种扩散的影响力是正面的，还是负面的，中国都必须以冷静、理性、客观的态度去认识；另一方面，增长的实力不一定都能有效转化为维护中国利益的正能量，如何有效运用实力，并进一步让缩小实力差距的美国、拉开差距的周边国家相信中国，已远远超过外交转型的范畴。一言以蔽之，2013 年不仅是中国迈向全面建成小康社会的开局之年，也是中国与周边关系艰难磨合的一年，中国有必要以更加审慎、长远、互动的心态解读新形势，化解风险，改变被动。

# 第二编　主要大国的安全政策

# 第三章 奥巴马新政与美国"再平衡"战略

## 杨丹志[*]

"再平衡"标志着美国"重返"亚太战略的逐步深化。通过战略与安全的"再平衡"、盟友及伙伴关系的"再平衡"和经济"再平衡",美国力图维持自己在亚太地区的优势和支配地位。与此同时,防范崛起大国对美国主导的地区秩序构成挑战。"再平衡"在强化美国优势地位的同时也给美国带来了风险,同时也导致大国关系的复杂化和中小国家可能出现的"选边站"困境。中国必须高度重视美国战略调整带来的地区效应及对中国周边安全环境的现实和潜在影响。

2012 年 6 月 2 日,美国国防部长帕内塔在新加坡举行的第十一届"香格里拉对话"上发表演讲,使用"再平衡"一词对美国亚太战略,特别是美国亚太军事战略调整的动因、路径和方式进行了阐释。此后,"再平衡"一词在美国官方文件、智库研究报告和主流媒体频繁出现,其含义超出了军事战略与安全范畴,涵盖了美国亚太战略调整的多个领域。[①]

从 2011 年美国政要提出的美国的"太平洋世纪",2012 年提出的"转身"到"再平衡",一系列新概念的出台标志着美国"重返"亚太战略的逐步深化。尽管美方多次声称美国的战略调整并非针对中国,但

---

    \* 杨丹志 中国社会科学院亚太与全球战略研究院,博士。

① 2012 年 3 月 28 日,由 7 位美国亚洲研究和防务研究专家联合撰写并提交美国国会的一份研究报告最早系统地提出了奥巴马政府对亚洲的"再平衡",参见 Mark E. Manyin, Stephen Daggett, Ben Dolven, Susan V. Lawrence, Michael F. Martin, Ronald O'Rourke, Bruce Vaughn, Pivot to the Pacific? The Obama Administration's "Rebalancing" Toward Asia, http://www.fas.org/sgp/crs/natsec/R42448.pdf。

自 2010 年"天安号事件"以来，因美国在战略上"重返"亚洲而引起中国周边安全环境一系列剧烈变化，迫使中国不得不对美国的战略行为予以更多的关注。

## 第一节　美国为什么要推出"再平衡"

全球金融危机的阴霾尚未散去，美国在这个特殊的时期推出"再平衡"，是国际、地区经济与安全形势变化，也包括美国国内经济形势变化等多个因素驱动的结果。

**1. 亚太地区对美国国家安全、繁荣，以及利益的重要性持续上升**

美国在该地区面临着广泛复杂的挑战，美国必须在这一地区投入更多的战略资源。

近年来，亚太地区对美国国家安全、繁荣，以及利益的重要性持续提升已经成为奥巴马外交和安全团队的共识。同时，该地区变化中的军事力量平衡和持续出现的军事挑战也引起了美国战略界和决策层的高度关注。在 2012 年香格里拉对话上，美国国防部长帕内塔指出，"在本世纪——21 世纪——美国认识到我们的繁荣与安全与亚太地区的关系更大。""这个地区拥有一批世界上增长最快的经济体：中国、印度、印尼等。同时，亚太地区的人口和军队规模在世界上也是首屈一指。据国际战略研究所预测，今年亚洲的防务支出将超过欧洲，无疑未来还将持续增加。"帕内塔还指出，"（我们）今天仍面临着一系列广泛复杂的全球性挑战。从恐怖主义到伊朗和北韩破坏稳定的行为，从核扩散到网际攻击这种新出现的威胁，从中东地区的持续动荡到本地区的领土争议。"①

由于亚太地区幅员广阔，加之美国在该地区面临的问题极具挑战性和复杂性，美国必须整合现有资源，包括军事资源、经济资源和外交资

① Leon Panetta, "The US Rebalance Towards the Asia - Pacific", http：//www. iss. org/conferences/the - shangri - la - dialogue/shangri - la - dialogue - 2012/speeches/first - plenary - session/leon - panetta/.

源加大对亚太地区的投入力度。

在安全领域，由于伊拉克战争终结，阿富汗战争即将结束，美国可以将富余的军事力量持续投入亚太地区。美国国防部副部长阿斯顿·B.卡特指出，阿富汗战争的结束使得美国海军水面舰艇，包括航空母舰，以及相关的海军情报、搜救、探测部门均得以灵活配置。空中力量方面，EP-3侦察机也由美国中央司令部移至太平洋司令部使用。"火线哨兵"无人侦察机可以从阿富汗脱身，现在也回到亚太。由于在阿富汗军事任务的减少，十年来一直在中东执行侦察任务的海军P-3s巡逻机将在亚太地区承担更多的任务。此外，大量美国海军陆战队也可由中东改派驻亚太地区。①

在经济领域，美国不可能坐视东亚形成将美国排除在外的地区主义。抵消东亚地区原有的区域合作架构的影响，确立以美国为主导的跨太平洋区域合作新架构无疑将是奥巴马政府的主要着力点。

外交方面，美国同样面临新的调整。不仅要努力巩固和强化与日本、韩国、澳大利亚、泰国等亚太地区盟友的关系，还需要尽可能地深化和拓展"伙伴"关系，甚至包括与昔日与美国交恶国家进行接触，推动其政治、经济转型，争取将其转化为可以信赖和可资利用的"伙伴"。

**2. 美国国内经济形势不佳及预算削减，迫使美国军方也相应削减开支并进行必要的战略调整**

近年来，美国经济增速缓慢，通胀率上升，失业率居高不下。奥巴马政府面临减少高额债务和预算赤字的艰巨任务。与之相应，美国国防部也不得不公布2013年预算案，计划在未来十年削减国防支出4870亿美元，其中包括裁减地面部队近10万人，缩减海军和空军编制。

美国国防部长帕内塔在五角大楼举行的新闻发布会上声称，将在2013财年提出5250亿美元预算请求，这也是自"9·11"事件后，美国国防部提出的预算首次同比下降（2012年获批的国防预算是5310亿美元）。

---

① http://www.defense.gov/speeches/speech.aspx? speechid=1715.

帕内塔指出，"这种新的财政现状，……为我们（美国）提供了制定一项21世纪新防务战略的机会，该战略要既能应对我们所面临的挑战，又能保持这支全世界最强大的军队。为此，美国军方不得不根据新的战略重点，制定新战略，打造一支规模更适当、行动更敏捷的部队。"① 从这个意义上讲，"再平衡"的提出正当其时。

### 3. 奥巴马政府亚太战略的可持续性和创新性

此外，美国提出"再平衡"也体现了奥巴马外交和安全团队亚太战略构想的延续性和创新性。作为世界唯一的超级大国，美国有着远超其他大国的战略运筹能力。但美国的强大并不在于美国能不断地提出新战略构想，而在于美国一旦提出新战略构想，往往就能迅速地予以补充、修正和完善。2011年，奥巴马外交团队提出了美国的"太平洋世纪"构想，2012年，美国政要又先后提出美国在亚太地区的"转身"说及"再平衡"说。总体上看，"转身"及"再平衡"是对美国的"太平洋世纪"构想的深化和具体落实。在军力部署、军队结构性变革及美国伙伴关系的构建方面，"再平衡"的相关内容也有所创新。美国官方对美国的"太平洋世纪"、"转身"和"再平衡"三个概念的论述阐释实则构成奥巴马政府亚太战略的主要内容。尽管迄今为止，奥巴马政府公开发表的文献和声明并没有就什么是美国的亚太战略做出清楚的界定。

## 第二节  美国"再平衡"的目标和具体内容

### 1. 美国战略"再平衡"的目标

曾服务于 W. 布什政府的前美国国家安全委员会成员，现卡耐基基金会资深研究员，阿什利·J. 泰里斯（Ashley J. Tellis）指出，美国不能确信现存的国际秩序能够安抚中国这样的崛起国家。中国作为一个陆

---

① Leon Panett, "The US Rebalance Towards the Asia – Pacific", http：//www.iiss.org/conferences/the – shangri – la – dialogue/shangri – la – dialogue – 2012/speeches/first – plenary – session/leon – panetta/.

权国，第一次能削弱美国在亚洲的核心目标——防止在该地区有任何大国控制地区资源，最终威胁美国在该地区的盟友甚至美国自身的安全。中国的威权政治模式，在东亚漫长历史中的至尊地位，国内频繁制造麻烦的民族主义使美国对中国在印度—太平洋地区的行为保持高度警惕。① 近年来中国人民解放军还致力于增强"反介入"能力，阻滞美国进入亚洲边缘地区。——美国必须重新打造实力，振兴其在亚洲的联盟体系以制衡中国。②

在美国的战略界和决策层，类似于泰里斯上述观点的言论和思想具有一定的普遍性。这无疑对美国政府重新定位与亚太地区关系并确立其亚太政策产生了重大影响。总体上看，美国"再平衡"的主要目的仍在于维持美国在亚太地区的优势地位。与此同时，防范崛起大国——主要是中国对美国主导的地区秩序构成挑战。

**2. "再平衡"的具体内容**

美国在亚太的"再平衡"大体包含以下三个方面的内容：战略与安全方面的再平衡、同盟与伙伴关系再平衡和经济再平衡。

（1）战略与安全方面的再平衡

战略与安全方面的再平衡是"再平衡"的重要内容，主要与军事领域相关，前美国太平洋舰队司令法戈对军事领域的战略再平衡作了清楚的阐释。

法戈指出，战略再平衡不应被视为奥巴马政府的新政策，而是美国长期努力，保持对亚太这个世界上最重要地区的进入和军事存在的结果。军事领域的战略再平衡包括地理上的再平衡和能力的再平衡。

地理上的再平衡指调整美国的地区战略、军事部署以及武装力量结构以应对挑战和把握机遇。在军事能力方面，战略再平衡包括在硬件、系统和技术方面的投入，在面对迅速出现的区域军事挑战时，这种投入是建立一支维护美国及其盟友安全和利益的武装力量所不可缺少的。

---

① Ashley J. Tellis，"The United States and Asia's rising giants"，Strategic Asia，p. 5.
② Ashley J. Tellis，"The United States and Asia's rising giants"，Strategic Asia，p. 18.

在武装力量部署的再调整方面，美军的区域防务部署将坚持地理上的广泛分布，行动上具有活力和政治上的可持续。包括将驻冲绳的美军一部分转移至关岛，美国海军陆战队进入澳大利亚达尔文港。五角大楼还制定一个"前沿部署"计划，即将滨海战斗舰部署在新加坡。美国方面还声称，未来将在新加坡部署三艘以上军舰，将更多的军舰和飞机部署在菲律宾。这主要是出于训练目的，也考虑对舰船的维修和保养。美国还将持续改善在关岛的安德森空军基地和海军基地的条件，使其不仅成为美军后勤和中转站，也用于友军的培训和演习。为了支持美国海军陆战队从冲绳向关岛的调动，以及满足培训美国其他武装力量和盟国武装力量的需求，美国将加大对马利亚纳群岛中的塞班岛、天宁岛以及关岛现代化军事设施和训练机构的投入。①

美国防长帕内塔称，美军将调整在亚太地区海军的整体部署，到2020年，将60%的海军力量投入到太平洋。这改变了长期以来美国海军力量在大西洋和太平洋均衡分布的状态，被称为历史性的转变。

美国副防长也指出，过去10年，已经有驱逐舰和两栖舰在非洲、南美洲和欧洲履行安全合作使命。在上述地区，海军已经装备了新的舰船，诸如联合高速船和濒海战斗舰。这也将使得更多的两栖舰船和驱逐舰能够部署在亚太地区。由于在罗德岛和塞班岛已经有驱逐舰驻扎，美国可以有6艘驱逐舰用于亚太地区的轮替任务。

在新一轮调整中，美国空军将部分战力从阿富汗转移至亚太地区，包括 MQ-9 死神无人攻击机②、U2 侦察机、"全球鹰"高空无人侦察机。与之相关的原属美军中央司令部的部分情报资源也随之转移至亚太地区。此外，美军空军还可以将更多太空战、网络战和轰炸机部队从美国本土派遣至亚太地区，在此方面并不需要额外的投入。

地理再平衡不仅包括调整美国军力的分布，也包括美方主动与地区

---

① Thomas Fargo, The Military Side of Strategic Rebalancing, in turning to the Pacific: US Strategic Rebalancing toward Asia, *Asia Policy*, No. 14, July 2012, pp. 21 – 49.

② MQ-9 "死神"（Reaper）无人机是一种极具杀伤力的新型无人作战飞机，并可以执行情报、监视与侦察（ISR）任务。

盟友及伙伴改善关系，以及美国与区域内国家加快军事接触和合作的进程。美国意识到要与许多新伙伴建立正式的盟友关系，建立广泛分布的固定"基地"，在政治上"不可持续"。美方更期待的是可以灵活进入重要的战略区，在此方面，需要众多盟友和伙伴的支持和配合。

战略与安全再平衡的第二个方面是能力再平衡。

法戈指出，为了适应地缘挑战，美国必须再平衡其在军事技术和力量结构方面的投入。美国的投资将主要集中在先进的第五代战斗机、一种加强版的弗吉尼亚级潜艇、新的电子战和通信能力，以及改进的精密武器。[1] 帕内塔此前也指出，"我们还将进行投资，投资于网际，投资于太空，投资于无人系统，投资于特种部队行动，投资于最新技术，投资于在必要时迅速调动力量的能力。"

在亚太地区，美国需要加大在能力建设方面的投入，特别是在空中和海上军力建设方面。早在 2010 年，美国国防部就已经正式提出"空海一体战"概念，寻求改进空中和海上力量一体化战力，以有效遏制伊朗和中国的反介入能力。在强化能力再平衡的进程中，美军正在努力将"空海一体战"构想转化为现实。

总体上看，目前美国军队建设的方向是"更为机敏灵活，更为精干，做好（应急）准备，技术上更为先进，能在更广泛领域开展合作，能在任何时间、任何地点击败任何对手"。从上述美军建设所致力于的几个方向来看，经过再平衡"瘦身"之后的美军将具备更为强大的战斗力。

（2）盟友与伙伴关系再平衡

巩固和更新同盟关系，创建新的伙伴关系和新的同盟是美国"再平衡"的第二项重要内容。由于亚太地区政治、经济形势和美国自身情况的变化，美国必须巩固和更新在该地区的盟友关系，进一步拓展和建立伙伴关系。

---

[1] Thomas Fargo, The Military Side of Strategic Rebalancing, in turning to the Pacific：US Strategic Rebalancing toward Asia, *Asia Policy*, No. 14, July 2012, pp. 21 – 49.

美国与韩国、日本、澳大利亚、泰国和菲律宾有强大的同盟关系，与印度、新加坡和印度尼西亚有强大的伙伴关系。美国将以这些关系作为基础增进与其他国家的关系。

美国高度重视美日同盟，将美日同盟视为 21 世纪地区安全与繁荣的基石之一。美国强调提高两国军队协同训练和开展行动的能力，强调双方在海上安全与情报、监视及侦察等领域的紧密合作。美国还强调联合开发包括下一代导弹拦截器在内的各种高技术能力，并探索太空和网络空间等新的合作领域。

美军通过将海军陆战队队员从冲绳岛迁往关岛，有助于把关岛进一步发展成为美国军队在西太平洋的战略枢纽，提高美日应对亚太地区多种紧急事态的能力。2012 年 11 月 9 日，访问美国的日本防卫省副大臣长岛昭久还与美国国防部常务副部长卡特、美国国务院助理国务卿坎贝尔分别举行会谈，双方就启动有关修订《日美防卫合作指针》的磋商达成一致意见。

美国保障亚太安全的另一个关键是美国与韩国的同盟关系。美方认为在朝鲜半岛经历过渡和发生挑衅的一年里，韩美同盟关系发挥了不可或缺的作用，加强这一同盟关系已被美国列为未来的一项重点目标。尽管美国在未来五年中将通过一个过渡阶段缩小其地面部队的整体规模，但美国陆军在韩国仍将保持相当规模的存在。同时，美国还将与韩国加强情报与信息共享，强化这一同盟关系使之具备应对全球性挑战的新能力。

澳大利亚在美国同盟体系中的地位也在上升。2011 年秋季，美国宣布与澳大利亚达成协议，将以轮换方式在澳大利亚北部驻扎美国海军陆战队队员和部署军机。第一批美国海军陆战队队员已于 2012 年 4 月抵达达尔文港。美方认为，这批海军陆战队队员可以迅速部署到整个亚太地区，从而使美国能更有效地与在东南亚和印度洋的伙伴合作，应对自然灾害和海上安全等共同挑战。

美方还致力于为美国与菲律宾的同盟关系注入活力。在华盛顿，美国防长和国务卿一起与菲律宾有关官员举行了首次"2＋2"会谈。在两军合作成功打击恐怖主义组织基础上，美方还努力增强菲律宾的海上力量。

此外，美国还希望与长期以来的盟国泰国继续开展密切的训练合作，深化双方的战略合作以应对共同的地区挑战。通过将濒海战斗舰（Littoral Combat Ships）前沿部署至新加坡，美国与新加坡军队和本地区采取共同行动的能力也大为提高。

在巩固现有同盟关系的同时，美国还努力加强与印度、越南、印度尼西亚、马来西亚和新西兰的伙伴关系。

印度被美国视为一个将对 21 世纪的安全与繁荣发挥决定性作用的国家。在目前印度、美国和澳大利亚三国战略界热炒印度—太平洋概念的大背景下，特别是在美国的战略"再平衡"进程中，印度已成为地区权力天平上的一个重要砝码。美国防长帕内塔明确指出，美军试图将其伙伴关系和军事存在从西太平洋和东亚拓展至印度洋地区和南亚。[①]

美国与印度之间不仅已有成形的高层战略对话，同时美国还将继续深化与印度防务机构的合作。合作将包括从研究机构到军售机构的合作。超越纯粹的军售，朝向技术共享和合作生产。借此，美印在防务方面可能出现日益密切的相互依存。

与过去相比较，美国的"再平衡"更重视与东南亚国家，特别是中南半岛国家的关系。美国防长帕内塔 6 月的越南之行引起了国际社会的关注，美国国家公共电台（NPR）评论说，防长帕内塔本周访问越南，以期加强两国政府的关系及重申美国在西太平洋的力量。同时，越南及其邻国已经转向美国，以抵御中国的"野心"，特别是在南海问题上。《华盛顿邮报》报道称，由于对中国不断增强的影响力与军事力量感到担忧，美越这种"不太可能的关系"变得热络起来。美国军方尤其希望在 2011 年签署的美越全面谅解备忘录的基础上推进美越双边防务合作。

---

[①]　Leon Panetta, "The US Rebalance Towards the Asia – Pacific", http：//www.iiss.org/conferences/the – shangri – la – dialogue/shangri – la – dialogue – 2012/speeches/first – plenary – session/leon – panetta/.

### 3. 经济"再平衡"

尽管"再平衡"一词在开始时主要涉及战略和安全领域，但在经济领域，奥巴马政府的"再平衡"早已开始。由于长期以来，美国在亚太地区维持着稳定的"轮毂模式"的安全架构，在政治和安全领域，美国具有传统优势，有成型的"抓手"和"依托"，实现所谓的"回归"也较为容易。但在经济领域，中美之间在亚太实则形成了相持，美国担心今后中国经济一旦超过美国，会挑战美国制定并主导的秩序和"游戏"规则，在东亚会出现以中国为核心的一体化进程。这是美国在战略上回归亚太的主要经济动因。

美国正处在霸权相对衰落时期，因此美国将更加重视利用规则（特别是经济和贸易规则）的制定和安排来维护自身利益并遏制可能的挑战者。泛太平洋战略经济伙伴关系协议（Trans - Pacific Partnership，TPP）的出现，为美国在经济上重返亚洲提供了"抓手"。目前，TPP尚处于规则制定阶段，尽管美国不是 TPP 的首倡者，但由于自身实力的强大，美国很快由参与 TPP 进程逐步向主导 TPP 进程的方向发展。此外，美国 TPP 战略的一个重要方面是尽快将日本拉入 TPP，从而使美日两国在 TPP 架构中处于绝对优势和主导地位。日美关系也将因此得到进一步加强。2012 年 11 月，正在对东南亚进行访问的美国国务卿希拉里·克林顿发表演讲，指出在美国经济面临预算危机等风险之际，经济在外交政策中的地位将被抬高。希拉里还表示，美国在 TPP 谈判上正取得进展。从长期来看，美国会继续高度重视 TPP。

## 第三节　美国"再平衡"的地区效应

"再平衡"是美国的战略行为，势将引起复杂的地区效应。

### 1. 美国在亚太地区优势的强化

"再平衡"本身是美国在全球范围内力量收缩的产物。但推行"再平衡"的终极目标之一是维持美国在亚太地区的优势和支配地位。美国推行"再平衡"，不仅可以更有效地利用和配置既有资源，控制重要的战略通道，继续保持美国在硬实力和软实力方面对其他亚太国家的既有优势，还可以进一步扩大美国的影响。特别是一批过去与美国关系相对疏远甚至交恶的中小国家在此进程中，与美国逐步修复和发展关系，成为或即将成为美国事实上的伙伴。这对于美国阵营的扩大无疑是极为有利的。从这个意义上讲，"再平衡"巩固甚至强化了美国在亚太地区的既有优势。

### 2. 大国关系复杂化、中小国家"选边站"困境和亚洲的分裂

"再平衡"可能导致亚太大国关系的复杂化。在再平衡的名义下，美国实则希望亚太地区的大国，特别是美国的忠实盟友日本和伙伴国印度在地区事务中能够分担一定的责任，特别是在制衡中国崛起方面发挥不可替代的作用。而日本和印度也希望借助美国的力量来平衡中国，伺机扩大自己在地区事务中的影响。在此方面，美国、日本和印度能找到战略利益的契合点。日本、印度与中国的摩擦也可能会不断增加。日本防卫省副大臣长岛昭久在会谈中就中国不断增强军备及加强海上军事活动的现状指出，日本周边的安全保障环境正在迅速变化，日美有必要联合应对，提出希望强化包括修订防卫合作指针在内的日美战略伙伴关系。

"再平衡"也使得地接两洋的中南半岛的地缘政治价值日益凸显，奥巴马将连任后的首次外交出访选择在中南半岛的泰国、缅甸和柬埔寨，充分表明美国对该地区的重视。可以预计，美、中、日、俄及印度在该地区的博弈会更加激烈。特别是缅甸、越南与各大国关系的发展变化，可能导致各大国在中南半岛影响力的消长变化。

由于美国推行"再平衡"强调巩固盟友关系和拓展伙伴关系，亚太地区中小国家，甚至一些与中国有着传统友好关系的国家将越来越可能面临在美国和中国之间"选边站"的困境。

亚太地区大国关系的复杂化和摩擦的常态化，加之中小国家在大国纷争中的"选边站"困境，事实上已经并将削弱该地区的合作进程，也使得地区一体化的目标更加遥不可及。从这个意义上讲，"再平衡"有可能加剧亚洲的分裂。

### 3. 经济"再平衡"的地区效应

美国通过力推 TPP 以实现经济"再平衡"，可能产生以下三方面的影响。

第一，冲击东亚合作进程。TPP 实则是美国用以防止中国崛起挑战美国主导的东亚秩序的重要手段。尽管希拉里新近表示，美国欢迎中国加入 TPP。从美国力挺的 TPP 现有规则来看，中国将很难参与 TPP。在战略层面上，美国力推 TPP 进程会对中国形成较大的冲击，特别是中国力推的东亚合作进程会受到很大影响。

第二，削弱东盟内部的凝聚力。长期以来，东盟至少在形式上主导东亚合作进程，处在"驾驶员"位置。目前，东盟正致力于自身的一体化。但东盟成员国中有五个国家已经加入 TPP 谈判或有意向加入 TPP 谈判，这无疑会削弱东盟内部的凝聚力，不仅会在一定程度上干扰东盟经济共同体的建设进程，也使得东盟在东亚区域经济合作中的地位相应弱化。

第三，亚洲国家对华政策摇摆不定，投机性加强。特别是日本，一直在配合中韩两国推进中日韩合作还是加入 TPP 之间犹豫不决。长期来看，日本加入 TPP 的可能性在上升。2012 年 11 月，日本首相野田也再次重申了日本决定加入 TPP 的立场。

TPP 对转型国家越南也有着强大的吸引力。越南经济的发展需要美国的市场。加入 TPP 对越南出口会有积极的影响，特别是有助于打开美国的市场。越南想改变中越贸易中越南的巨额"入超"局面，减少对中国的依赖性，在经济和安全上对美国有着双重需求。而美国则希望越南因加入 TPP 而发生变革，这种变革不仅发生在经济领域，也包括政治领域。

2012 年 11 月，美国国务卿希拉里在访问东南亚时发表演讲，指出经济应成为美国对外政策的中心。希拉里还表示，美国在 TPP 谈判上正取得进展。由于奥巴马已成功连任，美国将极有可能进一步加大力度推进 TPP 进程。

## 第四节　奥巴马新任期推行"再平衡"的前景

2012 年 11 月 7 日，奥巴马在美国总统大选中再次获胜。各种迹象表明，在奥巴马新任期内，美国政府外交和安全团队中以强硬著称的"坎贝尔—希拉里轴心"也将完成使命。由此是否会引起美国政府外交和安全政策新一轮次的重大调整自然也引起了国际社会的普遍关注。

奥巴马新任期仍将面临复杂的挑战：伊朗仍然在发展其核武能力，叙利亚陷入内战且可能危及黎巴嫩、伊拉克和巴林；中国也可能对外强硬以缓解国内压力；持续的欧债危机威胁全球经济复苏，俄罗斯期待签署新的战略武器控制协定。[①]

因此，"奥巴马需要迅速做出决断，考验伊朗是否有签署约束自身核武发展的意愿；如何领导各国在叙利亚确立后阿萨德政权的秩序，特别是在现阶段如何武装反对派组织；在亚太地区，奥巴马政府需要通过鼓励美国和两个崛起的亚洲巨人——中国和印度合作的方式来具体落实其在亚洲的'转身'策略。需要考虑以何种速度和方式来终结阿富汗战争。"[②]

奥巴马新任期内，美国政府的要务包括在新阿拉伯世界站稳脚跟，解决国内财政困难，妥善处理民主党与共和党关系，以及进行税务改革和应对气候变化。即使推行强硬路线的"坎贝尔—希拉里轴心"不复存在，美国政府在外交和安全领域作出重大调整的可能性也不大。较之第一任期，奥巴马可能将不得不把更多的战略资源投向中东，同时致力于解决复杂而棘手的国内经济和社会问题。但美国不可能坐视中国或其他亚太国家主导亚太秩序，也不会就此改变自 2010 年"天安号"事件后在战略上"重返"亚洲的战略选择。美国也需要一定时间来巩固第一阶段"重返"亚洲的成果。

在霸权的相对衰落期，美国正寻求以最有效率，最能收取实效的方

---

① "Foreign policy and the 2012 presidential election."
② "Foreign policy and the 2012 presidential election."

式参与亚太事务。近年来，从美国的"太平洋世纪"，到战略上的"转身"，再到"战略再平衡"，一系列概念的提出，充分体现了美国对于亚太地区事务的高度关注和对自身可能在该地区被边缘化的担忧，也表明美国正在不断修正自己在亚太的战略行为，调整地区安排并进而使自己的亚太战略不断完善和优化。当然，维持美国军事力量部署和军事力量结构的"再平衡"将是代价昂贵的，需要有持续性，因此也需要美国国会参众两院的同意。目前，美国国会内部两党已经形成共识，削减在亚太的投入会损害美国的利益与安全。但部分人仍倾向于减少预算，没有认识到由此产生的战略影响。战略再平衡极有可能因缺乏战略远见而被削弱。

此外，美国推行"再平衡"所不可或缺的几个重要"伙伴"对美国也并非言听计从。印度难以完全支持美国的"再平衡"战略，因为该战略可能冲击亚洲的均势格局，还可能将印度完全置于与中国直接对抗的不利态势之下。因此，印度防长在与美国防长的对话中试图提醒对方，强化亚太多边安全架构的进程过于仓促。印度防长甚至还提出印度将按自己的节奏来参与印美合作。

越南在南中国海问题上期望借助美国来平衡中国，但美越在人权、民主等问题上的尖锐分歧及越南对美国"和平演变"的担忧，又使美越两国之间难以建立真正的信任。只要越南的领导人和执政党不换，美国就不可能在政治、经济和安全领域满足越南所有要求，对此越南领导人有着清醒的认识。因此，美越这种新建立的"伙伴"关系有其局限性和脆弱性。由于越南领导高层对美国真实的战略意图仍然存有疑虑，因此美越双边关系主要还停留在象征性行为上。美越关系进一步发展存在着瓶颈。

美国以 TPP 为抓手推动经济"再平衡"也存在一些困难。从 TPP 发展中长期前景来看，TPP 的出现不仅不会使亚太地区多个合作机制并存的"面条碗效应"消失，反而会使这一效应更加明显。目前，亚太地区国家间差异很大，要想制定和推行统一的标准很难。由于成员发展水平不一，对规则的适应能力不一，美国试图强推 TPP，最终将不得不考虑在 TPP 准入问题上推行差别待遇原则。而一旦推行该原则，美国所极力倡导的开放的地区主义将成为空谈。因此，未来 21 个 APEC 成员都成为 TPP 成员，包括印度在美国力邀下也加入 TPP，使 TPP 最终成为亚太自由贸易区的可能性不大。当下乃至可见的将来，印度尚难以实现全面的崛起，在未做好相应准备的情况下，贸然加入 TPP 只会使印度企业的生存状态进一步恶化。因此，印度会审慎地考虑是否申请加入 TPP，美国期望印度加入 TPP 只不过是一厢情愿。此外，也有美国学者认为，由于民主党和共和党相互掣肘，"国内政治的僵局使华盛顿无法实施可能会推进其在再平衡方面野心的经济政策。"

## 第五节　美国的"再平衡"与中国面临的机遇和挑战

美国推行"战略再平衡"，对于中国既是机遇，也是挑战。毕竟，较之 W. 布什时期咄咄逼人的"单边主义"，美国的"再平衡"在姿态上相对低调。在处理亚太地区的重大安全议题方面，美国表现得相对沉稳、谨慎和克制。对于在"转身"和"再平衡"名义下亚太地区美军部署的调整和武器装备的换代升级，美国反复声明不是针对中国。言辞上较过去显得低调。在中菲黄岩岛争端和中日钓鱼岛争端中，美国甚至采取了"战略模糊"态度，并没有被菲律宾和日本拖入与中国直接对抗。种种迹象表明，美国已经注意到中国对国家利益的重视程度正在不断提升，对外部势力可能给国家利益造成的损害保持高度敏感和警觉，同时美国也无力阻止中国提出正当的利益诉求。美国要长久地经略亚太，保持自己在该地区的优势地位，一定程度上还需要中国的配合。尽管美国实力超强，但美国仍不可能为了盟友、准盟友或新旧伙伴的"利益"而贸然卷入与中国的直接冲突。如果中国也保持相应的克制，中美在奥巴马第二个总统任期甚至更长的时段内直接发生军事冲突的可能性不大。这对于中国抓住和平的战略机遇期，进一步推进改革开放无疑是有利的。

但是，中国毕竟是美国"再平衡"的目标指向之一。美国在未来国内财政预算大幅度削减的大势下，仍然在"再平衡"的名义下加大其在亚太的军事力量投入力度，美国对其主导的亚太安全体系的强化，美国主导发起或积极参与在中国周边日益常态化的双边和多边军事演习，以及鼓励地区内国家以防范崛起大国为由确立双边或小型多边安全安排，均不利于地区局势的缓和。不仅在姿态上对中国不友好，也可能给亚太地区与中国有着海洋和陆地争端的国家传递错误的信号，使这些国家在处理与中国的领土争端时"有恃无恐"。此外，美国凭借强大的硬实力和软实力，不断强化针对中国周边中小国家——特别是中南半岛国家的经济和外交攻势，也可能损害中国与这些国家的传统关系，这不仅对中国周边外交构成严峻考验，也使得中国极可能在缺少"伙伴"的情势下艰难崛起。

对于中国而言，既不能无视美国"再平衡"的战略效应及其对中国的现实和潜在影响，也不必过于夸大这种战略调整可能对中国构成的挑战与威胁。美国的战略调整是多种因素作用的结果，遵循着自己的逻辑。无论是美国的"太平洋世纪"构想向现实的转化，还是"转身"及"再平衡"的具体展开，都将面临复杂因素的制约。纵使强大如美国者，也无力消除实力与抱负之间的差距。

# 第四章　新普京时代俄罗斯参与亚太事务的方略

程春华 *

**引言：** 新普京时代，俄罗斯从总体战略思想与定位、经济、安全、外交等方面调整其参与亚太事务的方略。其影响涉及改变地区力量对比和安全秩序、平衡美国影响、使俄美关系更加敏感、为亚太地区提供新的发展机遇、加强亚太区域治理等方面，同时给中国带来一系列机遇与挑战。

2011 年 11 月以来，美国加强"再平衡"战略攻势：其领导人频访亚洲相关国家，在澳大利亚等地驻军，欲建亚洲反导体系，拉拢东盟日韩，构建跨太平洋战略伙伴关系（TPP），在缅甸等国推进民主等。2012 年 1 月 5 日，美国总统奥巴马公布军事战略评估报告《维持美国的全球领导地位：21 世纪国防的优先任务》，强调将战略重心转移至亚太地区。2012 年 4 月 30 日，美国高层与菲律宾、日本高层会谈，强调深化同盟关系。2012 年 6 月 3 日，美国国防部长帕内塔在香格里拉对话会上提出亚太"再平衡"战略。2012 年 11 月 18 日至 20 日，连任后的奥巴马把出访的"第一次"给了泰国、缅甸和柬埔寨等亚太国家。美国"再平衡"战略动作频频，一时搅得亚太风起云涌、惊涛骇浪，引起包括俄罗斯在内的国际社会密切关注。

奥巴马政府对其亚太战略的描述曾有"重返亚太"、"战略重心东移"、"亚太转轴"等，后来才贴上"再平衡"战略的标签。美国亚太

＊　程春华　北京大学国际关系学院，博士后。

"再平衡"战略无非打着"一个中心、两个基本点"的算盘。"一个中心"即以保住美国在亚太的"老大"地位为中心。"两个基本点"即"党同"与"伐异"，一是通过"不忘老朋友（巩固老同盟关系）、结识新朋友（扩大新伙伴关系）、扩大关系网（主导多边机制）"进行"党同"，二是通过挑动亚太纷争、捞取渔翁之利、打压中俄韩等异己进行"伐异"。

那么，俄罗斯如何看待美国"再平衡"战略？俄高调重返亚太是为了反制美国吗？俄亚太战略有哪些调整和影响？中国为何在钓鱼岛问题上未能得到俄罗斯的明显支持？中俄关系是否有所削弱，而陷入"选择性战略协作"的境地？中国应如何应对？

普京在总统令中强调深化与中国的平等互信和战略协作伙伴关系，中国也于6月初迎来普京就任总统后的首次访华及出席上海合作组织峰会。而对于5月18日至19日在美国戴维营举办的G8峰会，普京表示"无暇奉陪"，5月14日奥巴马回敬称"无暇出席"9月初的俄罗斯举办的APEC峰会。一系列迹象表明，为顺应"不断变化的世界"与"东边日出西边雨"的新形势，普京宁愿"亲亚太远美人"，其亚太战略不再只玩"柔道"，而开始改打"组合拳"。

## 第一节　美国"再平衡"战略与俄罗斯的看法

俄罗斯学者认为，美国"再平衡"战略的动因主要有促进美国经济复苏、遏制中国、保持经济领导地位、平衡亚太力量对比、履行对盟友责任、在亚太保持主导地位等方面的需要，一定程度上反映了世界上既成大国为维护既得利益与旧的世界秩序，而对部分"不听话"的新兴国家进行围堵的较量。俄学者指出，美国"再平衡"战略触犯了俄罗斯利益，对俄美关系、中美关系都有损害，如加深俄美、俄中"战略互疑"与矛盾等，使亚太局势更加复杂和不稳定，因此要从战略上积极应对美国"再平衡"战略。

关于如何应对美国"再平衡"战略，俄罗斯学界众说纷纭，但归纳起来大致有两种主张。

第一种主张可称为"助美制华论"，提出俄罗斯要在中美之间保持"中立"，甚至帮助美国制衡中国，使俄罗斯国家利益实现最大化，代表人物有德米特里·特列宁、列昂尼德·伊瓦绍夫等。第二种主张可称为"协作制美论"，认为美国在亚太影响力上升会损害俄罗斯利益，主张与中国等亚太新兴国家加强战略协作关系，制衡美国在亚太的影响力，代表人物有弗拉基米尔·波尔加科夫、亚历山大·卢金、米哈伊尔·季塔连科等。

"助美制华论"者评估俄罗斯在亚太局势的前景时认为，俄罗斯"既面临卷入超级大国冲突的风险"，又面临"坐山观虎斗"、谋取"渔翁之利"的机遇。莫斯科卡内基中心主任德米特里·特列宁认为，中国崛起对俄罗斯是严峻的挑战，特别是对西伯利亚地区；莫斯科应该避免单边倒向北京，必须加强同中国周边国家的关系，特别是与印度协作以制衡中国。2012年10月，德米特里·特列宁接受《生意人报》专访时强调："（俄罗斯）最重要的是不要永远停留在成为其他国家（特别是中国）的原料供应国的地位。在发展对华关系时，应该避免对其过于单方面依赖。"俄罗斯地缘政治问题研究院院长列昂尼德·伊瓦绍夫承认俄印加强伙伴关系有遏制中国能量的考虑。

"协作制美论"者从战略上强调亚太对俄罗斯的重要意义与作用。俄罗斯科学院远东研究所弗拉基米尔·波尔加科夫指出，华盛顿在亚太地区恢复和加强与老盟友的关系，并制定以遏制中国为目标的政策，有损俄罗斯的利益。俄罗斯科学院东方学所东亚研究中心主任德米特里·莫西亚科夫指出，俄罗斯是太平洋国家，整个亚太地区对俄罗斯都是非常有吸引力的。

"协作制美论"得到俄罗斯大部分学者乃至高层决策者赞同，主张加强俄中之间的战略协作，以及金砖国家、上海合作组织等多边框架内的协作，以平衡美国及其盟国的影响。俄罗斯外交学院亚历山大·卢金指出，正是由于同中国和其他亚洲伙伴的联系，俄罗斯才处于世界影响力的核心。

## 第二节　俄罗斯的亚太战略调整：双头鹰与东进战略

普京为引领"双头鹰"东飞绘制了"导航图"。2012 年 5 月 7 日，普京宣誓就任总统后马上签署了 13 项总统令，涉及经济、外交、军事等多个方面。其中在《外交政策总统令》中指出，俄罗斯应实行新的亚太战略与政策：进一步参与亚太区域一体化进程，以促进俄罗斯东西伯利亚和远东地区社会经济的快速发展；促进倡议建立集体不结盟、遵循国际法、平等和安全不可分割原则基础上的亚太地区安全和合作新框架；增进与东盟、东亚峰会之间的对话与伙伴关系；深化与中国、印度、越南的互利合作战略伙伴关系及与日本、韩国、澳大利亚、新西兰和亚太地区的其他关键国家的互信和平等伙伴关系。同时，普京在《国家长期经济政策总统令》中提出，2012 年 7 月 1 日前出台推动西伯利亚与远东地区经济社会发展、完善交通基础设施的政策规划。

针对世界与亚太地区形势的变化，俄罗斯开始从总体战略思想与定位，以及经济、安全、外交等方面调整其亚太战略与政策。

一是在总体战略思想与定位上，俄罗斯逐步增加"欧亚主义"在国家战略思想中的分量，更加重视亚太对其依托"欧亚联盟"实现全面复兴的支柱作用。与叶利钦重视大西洋主义不同，普京更重视欧亚主义。俄罗斯国防与外交委员会主席谢尔盖·卡拉加诺夫主张，"文化欧洲化"的俄罗斯未来在于"经济亚洲化"。因此，俄罗斯认为，世界的"重心"正由西方向亚太"东移"，俄罗斯的战略重心也应向亚太"东进"。

调整亚太战略使俄罗斯的"双头鹰战略"更加名副其实。提交普京智囊机构——瓦代尔俱乐部会议的报告《东进：俄罗斯和亚洲，还是俄罗斯在亚洲》明确了俄罗斯的"东进"战略，即在顾及其他亚太地区事务参与者利益的同时，俄罗斯必须进一步加强同亚洲国家，特别是中国的经贸往来和政治合作；俄罗斯在该地区大国形象的全面确立，应在俄罗斯亚洲战略的实施中起到重要作用。

二是经济上，金融危机与欧债危机使俄罗斯的西方市场萎缩，加剧自身经济困难，其经济战略由过于重视西方调整为更加重视加强与亚太的经济联系。

金融危机与欧债危机使欧美陷入困境，有时反而需要同样遭受危机的俄罗斯提供帮助，而中国、韩国、印度等亚太国家所受冲击较小，其抗危机能力与成长潜力不可小觑，为俄罗斯提供了良好的合作与发展机遇。亚太是全球发展最迅猛的地区，而有着２０多个成员的亚太经合组织（APEC）峰会是最大的国际经贸论坛。其总人口约占全球人口的40%，GDP 超过全球 GDP 的 53%，贸易额占全球的 44%。俄罗斯对像APEC 这样的大型组织兴趣浓厚。除地缘政治和共同的安全问题外，俄远东地区的社会经济发展任务也是一个重要原因。俄罗斯迫切需要搭乘亚太"经济快艇"，积极利用亚太国家的资金、技术与市场为经济发展服务。2012 年 2 月俄罗斯外长谢尔盖·拉夫罗夫称，俄罗斯加强在亚洲和太平洋地区的经济存在是莫斯科的优先发展方向，利用亚太地区机遇解决西伯利亚和远东地区振兴问题非常重要。

俄罗斯积极利用亚太经济合作组织（APEC）等平台，加快融入亚太经济一体化进程。一是关注非传统安全等议题，利用 APEC 组织为亚太经济发展创造良好的环境。2012 年符拉迪沃斯托克（海参崴）峰会轮值主席国俄罗斯提议，2012 年之后亚太地区国家在贸易投资自由化和区域经济一体化，加强粮食安全，建立可靠的供应链，加强创新增长合作等重点合作领域加强合作。二是为亚太经济一体化提供多边机制保障。在解决"下一代"的贸易问题时，俄罗斯提出了有关制定自由贸易协议透明度的示范条例的建议，作为非世贸组织议题中最迫切问题。利用先进卫星与计算机系统（尤其是俄罗斯重点技术格洛纳斯全球卫星导航系统）建立智能供应链，以及依靠广泛运用俄罗斯的运输能力促进供应路线的多元化。三是加强亚太科教合作。俄罗斯主张扩大科学与商业之间的"反馈"渠道，加强在亚太经合组织地区建立统一教育空间方面的合作。

俄罗斯加强在 APEC 等框架下的区域合作有重要意义。其一，2012

年 9 月符拉迪沃斯托克（海参崴）APEC 峰会与 2013 年 APEC 议会论坛有利于促进俄罗斯加速远东地区经济发展计划的实现，并使俄罗斯更进一步融入亚太地区的经济生活以及一体化进程中。俄罗斯科学院远东研究所专家安德烈·沃罗金指出，对于作为亚太议会论坛主席国的俄罗斯来说，主要的任务是要更积极地融入亚太地区，如果将俄罗斯纳入亚洲自由贸易区，将为俄罗斯的发展打开一扇富有前景的大门。其二，在亚太问题上打破美国谋求主导地位的图谋。普京在 APEC 上提出新合作计划替代以美国为主导的跨太平洋伙伴关系（TPP），希望在亚太经合组织（APEC）框架内开展亚太经济贸易活动，从战略上牵制美国。虽说俄罗斯不一定真的有能力牵头创建一个新框架抵制美国的 TPP，但通过制造新议题和倡议可团结一些对美国 TPP 不满的国家，让美国对俄罗斯在亚太的作用和利益有所顾忌与尊重。其三，担任亚太经合组织轮值主席是俄罗斯继续提高其在国际事务中的地位的重要步骤，有利于促进俄罗斯融入地区一体化进程，加快实现俄罗斯尤其是西伯利亚和远东地区的现代化与创新发展。

三是安全上，美国实施"再平衡"战略等因素使俄罗斯安全战略调整为更加重视维护亚太安全稳定，进一步介入亚太安全事务和开辟军火市场，为经济发展提供安全保障。

俄罗斯将其近半陆军精锐兵力和多数海军主力舰艇部署在远东地区；在北方四岛问题上态度强硬。俄罗斯在远东地区显示实力，旨在维护自身安全利益，提高对亚太事务的"话语权"，削减美国反导体系和北约东扩挤压其西部战略空间的压力。

俄罗斯实行一种相对中立与全方位合作的安全政策，以回应美国的军事战略调整。拉夫罗夫说，俄罗斯有充分的理由被认为是亚太地区军事政治稳定和持续发展的重要因素；中国、印度和越南是俄罗斯在亚太地区的战略伙伴。关于 2012 年 4 月 24 日俄中"海上联合 - 2012"军演，俄罗斯科学院远东研究所专家安德烈·达维多夫指出，俄中军演在某种程度上是对美国及其盟国军演的一种回应。

开拓亚太军火市场对俄罗斯意义重大。根据俄罗斯联邦军事技术合作局的资料，俄罗斯 2011 年军事出口额为 132 亿美元，而亚太地区占俄罗斯出口武器份额的 43%。2008 年至 2011 年期间，俄罗斯军事出口总额达到 298 亿美元，排名前三位的进口国分别为印度（82 亿美元）、阿尔及利亚（47 亿美元）和中国（35 亿美元），这三个国家订单总额占俄罗斯同期武器出口额的 55.47%。俄罗斯联邦军事技术合作局副局长康斯坦丁·比留林表示，2012 年俄罗斯武器出口额将超过 130 亿美元。世界武器贸易分析中心主任伊戈尔·科罗琴科表示，在已经签订相关协议的所有国家中，印度、委内瑞拉和越南在未来 4 年将成为俄罗斯武器最大的进口国。2012 年至 2015 年期间，印度仍将在俄罗斯的武器出口结构中占据首位，进口武器总额将达到 143 亿美元。委内瑞拉进口俄罗斯武器总额将达到 32 亿美元，将取代阿尔及利亚排名第二位。越南进口额可达 32 亿美元，排名第三位。除印度和越南等大客户外，马来西亚希望购买俄罗斯的尖端武器，而印度尼西亚则在购买步兵战车等武器基础上继续扩大进口俄罗斯武器的种类和数量。中俄在军事技术合作项目、中国无法生产的新式武器及零配件等方面有进一步合作的潜力。俄罗斯国防出口公司总经理阿纳托利·伊赛金指出，俄罗斯未来将进一步扩展亚太军火市场。

四是外交上，俄罗斯更加重视与中国、日本、印度、越南、印度尼西亚等国的双边关系及参与东盟等亚太多边机制。

俄罗斯外长拉夫罗夫指出，2011 年俄罗斯强化了针对亚洲的政策，包括把俄罗斯，首先是把东西伯利亚和远东地区同亚太地区的一体化有效融合。俄罗斯在金砖国家模式下加强了合作并发展了同亚洲主要国家的关系，特别重视与中国和印度发展战略合作伙伴关系，加深了同日本、韩国、东盟以及亚太地区其他国家的多层面合作，与美国一道参加了东亚峰会。

俄罗斯进一步重视多边场合下的亚太外交。普京在其外交竞选纲领《俄罗斯与不断变化的世界》一文中特别提到了亚太地区在世界事务中作用的提升，并阐述了对俄中关系的看法。普京指出："俄罗斯需要一个繁荣和稳定的中国，中国也需要一个强大和成功的俄罗斯。"普京称，印度是亚太地区的另一个重要的战略合作伙伴；同时还应发挥联合国、金砖国家、二十国集团、八国集团、上海合作组织、东盟、亚太经济合作组织等多边机构的作用。

在具体外交领域，俄罗斯奉行基于国家利益的实用主义外交政策。如一方面，俄罗斯在南千岛群岛上态度强硬；另一方面，在中日钓鱼岛争端问题上，俄罗斯并未受中俄战略协作伙伴关系束缚，拒绝支持中国，而是选择中立，这一切都是为了维护俄罗斯的国家利益。关于中日钓鱼岛问题，2012 年 10 月，访日后的俄罗斯国家安全委员会秘书长帕特鲁舍夫表示，俄罗斯坚持不支持任何一方的中间立场，希望中日双方通过外交对话的方式解决岛屿主权争议。

为何俄罗斯在钓鱼岛问题上不能支持中国？

一是俄罗斯担心在中日钓鱼岛问题上支持中国，会使俄在北方四岛问题上对日本的立场陷入被动。《全球政治中的俄罗斯》杂志主编费奥多尔·卢基扬诺夫接受媒体采访时指出，"俄日岛屿争端和中日岛屿争端属同一类型，而俄在南千岛群岛（日本称'北方四岛'）争端中的处境，恰恰与日本在钓鱼岛争端中的处境相同。中国质疑日本岛屿主权和日本质疑俄岛屿主权性质是类似的。因此，倘若支持中方，俄无异于搬起石头砸自己的脚。"

二是俄罗斯担心支持中国会助长中国的民族主义力量，使自身过于卷入亚太纷争，不利于俄罗斯对亚太国家实行均势战略、实现国家利益的最大化。俄罗斯外交部外交学院副院长亚历山大·卢金指出，中日关系激化还有其更深刻的原因，主要是民族主义等因素的上升。中日经济上的相互依赖未能避免政治冲突，因为政治、民族主义以及心理方面的因素更重要，中国在外交方面变得更加强硬，而日本处于地缘政治的劣势，难以容忍任何让步或妥协，双方都被本国民族主义绑架难免使冲突升级。未来一段时间内争端未必会继续升级，中方采取的制裁与施压措施也未必有效，通过妥协解决冲突的可能性也微乎其微，冲突可能还会继续存在，只是时而弱化，时而激化。若中国实力持续上升，便可能愈发强硬，冲突越可能激化。反之，冲突可能有所弱化。若俄罗斯过于支持冲突中的一方，有可能被冲突绑架不说，俄罗斯还可能失去从日中冲突中获取渔翁之利的机会。

俄罗斯网络民意对俄罗斯在中日钓鱼岛上的立场评价不一。2012年10月24日在俄《观点报》网站就中日钓鱼岛争端发表的《最好别介入》一文的跟帖中，有俄网民称："在俄罗斯，谁都不会介入中日争端，但对日本必须保持警惕。"还有网民评论道："在正式表态时，我们当然不能公开支持任何一方。但俄方应该利用这一机会，继续加强在南千岛群岛问题上对日本的压力，这样也就从侧面支持了中国。"但也有网民为中国打抱不平，称："我们和中国是战略合作伙伴，还是和日本？我想提醒的是，中国虽然没有承认阿布哈兹和南奥塞梯独立，但中国是支持俄罗斯的。所以，我们应该对中国回报以支持，否则还叫什么'伙伴'？"

中日岛争正好为俄罗斯热络与日关系和加强在亚太地区的影响力提供了良机，俄罗斯可从亚太纷争中获得外交红利。俄日关系明显升温，来往更加频繁，如俄联邦委员会主席马特维年科、国家杜马主席纳雷什金、俄联邦安全会议秘书帕特鲁舍夫、莫斯科和全俄东正教大牧首基里尔、俄第一副总理舒瓦洛夫和俄天然气工业公司总裁米勒、俄国防部长谢尔久科夫等俄高层相继访日，6月和9月普京与日本首相野田佳彦在G20峰会和APEC峰会分别单独会谈，6月和9月俄外长拉夫罗夫与日本外相两次会谈，12月野田佳彦访俄。

另外，俄罗斯在亚太市场熟练施展多元化能源外交武器。印度外交家巴德拉库马指出，俄罗斯与日本的能源合作扩大了莫斯科与中国和欧洲的谈判空间。福岛核事故后日本对天然气的需求急剧上升，俄罗斯抓紧向日本出口俄天然气，以便制衡中国。日本成功利用俄罗斯对沦为中国原材料"殖民地"的恐惧大力发展与俄能源合作。俄罗斯向日本出口的天然气占日本总进口量的9%，修建自俄萨哈林至日本茨木的天然气管道被提上日程。9月日本和俄罗斯在符拉迪沃斯托克（海参崴）达成了天然气加工厂协议，到2016年将向日本输送更多天然气，但同时俄中关于天然气价格谈判迟迟难以达成一致。

## 第三节　俄罗斯亚太战略调整的地缘影响

### 一　对亚太包括东北亚地区的影响

俄罗斯介入亚太包括东北亚地区的抓手主要是利用该地区的矛盾，谋求国家利益最大化。亚太地区相关国家的纷争越激烈，对俄罗斯的政治、经济和安全需求便越强烈，俄罗斯的军火销售、在亚太地区的发言才有影响力。所以，俄罗斯在亚太岛屿争端、美国"再平衡"战略等问题上表现出两面性。俄罗斯明里声称希望和平共处，暗里庆幸纷争迭起。未来一段时间，在能源领域，俄罗斯仍将对华不失防范，在对亚太能源出口方面继续推行多元化。俄罗斯介入亚太地区的政策底线与美国有略同之处，即布热津斯基提出的"利用亚太纷争但避免卷入当地冲突"策略，这也正是俄罗斯在中日钓鱼岛问题上保持中立的原因之一。

俄罗斯重返亚太使该地区局势更趋复杂。

一是改变地区力量对比和安全秩序。俄罗斯与印度、越南、日本加强关系有利于平衡中国崛起对区域格局的压力，又对美国"再平衡"战略形成牵制，可谓"一石多鸟"。俄罗斯在亚太军火市场的拓展及军事演习也可能改变地区安全格局，有可能为该地区的不稳定与纷争火上浇油，也有可能使潜在对手有所顾忌、不敢轻举妄动，为俄发展远东营造相对安全的周边环境。俄罗斯在亚太扮演地缘政治调和者的角色使纷争者有恃无恐，让人想起了苏联在亚太的地缘政治故伎。俄日合作可以有效增强俄罗斯在亚太地区的影响力。在俄罗斯看来，日本相当于冷战时的欧洲，当时苏联成功地用苏欧能源合作促使欧洲在苏美争霸中保持相对中立。如今在亚太，拉拢日本可有效抵消美国对俄压力，如美国在日本北部部署雷达系统未能阻止俄日安全与防卫合作。

二是平衡美国"再平衡"战略影响，使俄美关系更加敏感。有俄罗斯学者指出，俄罗斯与中国联手利用亚太地区的外交砝码，对抗美国"再平衡"的攻势，防止"美国导弹部署在那里"，减轻俄罗斯西面北约东扩和美欧反导系统的压力。但未来一段时间内，俄罗斯重返亚太对俄美关系影响有限，俄美关系（系统）"频频死机、重启（RESET）乏力"的局面或难改观。美共和党总统候选人罗姆尼曾在选举讲话中表示，俄罗斯是美国的头号对手，若他当选将对俄采取更加强硬的态度，因此俄罗斯总统普京更希望奥巴马当选，这在一定程度上是"两害相权取其轻"的无奈。2012 年 9 月 7 日俄罗斯总统发言人佩斯科夫表示，俄罗斯希望无论美国总统选举结果如何，未来的俄美关系都能避免对抗性言论和声明。2012 年 11 月 13 日奥巴马与普京通话，接受访问俄罗斯的邀请，并同意改善美俄关系。俄杜马外委会副主席卡拉什尼科夫认为，奥巴马连任对俄美关系的进一步发展有好处，奥巴马会继续其"重启俄美关系"的外交思路和政策。奥巴马第二任期可能调整一味打压俄罗斯的做法，而更多采取又打又拉的策略。不排除美俄在亚太某些问题上一定程度的合作。

三是为亚太地区带来新的发展机遇。普京在亚太经合组织峰会前在《华尔街日报》上撰文指出："我们希望即将在符拉迪沃斯托克举行的亚太经合组织峰会能再次向世人证明俄罗斯是一个充满机会的国家。俄罗斯作为一个贸易中心能提供很多东西，相比经过马六甲海峡和苏伊士运河的传统运输航线，新亚欧运输路线在成本方面很具竞争力。俄罗斯与哈萨克斯坦和白俄罗斯建立了自由贸易区，并加入了世贸组织，之后准备为亚洲新贸易伙伴打开大门。欧亚经济联盟会成为欧盟和亚太地区之间的一个桥梁"。拉夫罗夫指出，多条环球贸易线路取道俄罗斯，新型高效的能源、资金、技术链正在俄罗斯孕育成熟。日益开放的远东与东西伯利亚为中、日、韩等国提供了原材料、市场、交通便利及新的商机。

四是俄罗斯的多边外交有利于加强亚太区域治理。俄对 APEC、东亚峰会、东盟地区论坛等开放性多边机制的参与有利于提升这些组织的活力，减少 TPP 等排他性干扰性机制的影响力，使东亚一体化进程逆势前行。王海运认为，俄罗斯重返亚太有利于建立公正合理的东亚秩序，有利于亚太稳定与和平。

## 二 "选择性战略协作"：对中国的影响及中国的应对

俄罗斯重返亚太对中国有利有弊。积极影响在于：一是经济上，有利于为中国提供发展机遇。俄罗斯重返亚太对中国尤其是东北三省是一大利好，为中国参与远东地区的合作创造了良好的机遇，也有利于降低美国构建 TPP 等排斥中国行为的效果。二是安全上，减轻了中国单独应对美国"再平衡"战略与"再平衡"战略的压力。俄罗斯与中国开展军演、进行军事经济合作对美国联合盟友搅局亚太可起到战略平衡的作用，俄罗斯对地区纷争的超脱态度也有利于亚太局势的稳定，避免冲突过度升级，使东北亚避免重演 20 世纪欧洲剧烈冲突的历史悲剧。三是政治外交上，有利于亚太区域格局多极化与民主化。美国无非是要在亚太政治、经济与外交安全上占据主导地位，维护其霸权地位。中俄战略协作可在一定程度上抵消美国的攻势，提升中俄双方在亚太的地位与影响力。

另外，俄罗斯重返亚太给中国带来一些挑战。

一是使俄中战略协作伙伴关系更加复杂。

俄罗斯一方面高调重返亚太，在中日钓鱼岛等问题上拒绝支持中国，有人不禁会问，中俄战略协作伙伴关系是否有所削弱？中俄关系是否陷入"选择性战略协作"的境地？

中俄存在较大的利益会合点，在大部分重大国际问题上的立场与看法一致或接近。两国互相承诺继续在对方关切的重大核心利益问题上相互支持，如俄罗斯在涉及台湾、西藏问题上支持中国，而中国对俄罗斯在车臣问题与反恐领域也坚决支持，在伊朗问题、叙利亚问题上相互协作。

但毋庸讳言，在国家利益会合点较少的领域，中俄双方的战略协作表现得差强人意。俄罗斯重返亚太、开发远东呈现"雷声大雨点小、目标高、难落实"的特点，不能夸大中国对俄罗斯的重要性及双方利益共同点。不少中国观察者注意到，俄罗斯对华外交的实用主义和投机色彩更加浓厚，双方都感觉关键时刻相互借重的有效性和实效性大打折扣，即俄罗斯在事关中国切身利益的重大问题上给予的协作和支持力度有限，反之亦然。俄罗斯与中国的战略协作更多表现在借重中国平衡美国的压力，在其他问题上的协作较少。如在钓鱼岛等问题上俄罗斯碍于自身国家利益，给予中国的战略协作非常有限，甚至有隔岸观火、坐收渔利的嫌疑。未来中长期内，中国想要在钓鱼岛问题上寻求俄罗斯的大力支持希望渺茫。

未来中长期内俄中不大可能结盟。从历史来看，西方同时对中俄施加的压力越大，中俄加强战略协作伙伴关系的要求便越迫切。而未来一段时间内西方国家（主要是美国）将忙于内务自顾不暇，对中俄两国加大压力与威胁的主动性和攻势不大可能加强，美国战略家布热津斯基在其新著《战略远见：美国及全球权力的危机》中甚至提出将土耳其与俄罗斯拉入建立"新西方"的阵营，同时与中国等"新东方"进行合作、在亚太扮演平衡者与调停者角色以维护美国的主导地位，所以对中俄进行分化瓦解或为西方的主流战略，对两国的压力会保持在两国靠实力足以自保无联合必要的平衡状态。但在基本面上，中俄战略协作伙伴关系的内外基础还在，不排除随着欧美经济复苏或繁荣重新加大对中俄的遏制，届时双方便有了提升"战略协作伙伴关系"、增添新内容与形式的更大驱动力，双边关系或将迎来新的春天。

二是有可能使中俄在某些领域的冲突隐患激化，需要双方顾全大局进行危机管控。普京在竞选纲领《俄罗斯与不断变化的世界》中坦陈："我们同中国之间的小摩擦依然存在。我们两国在第三国的商业利益远不相符，现有的贸易额结构和低水平的相互投资完全不能让我们满意。我们将会认真关注中国的移民潮问题。"俄罗斯学者也看到双方在对方战略中地位和利益会合点有限的弱点。《全球政治中的俄罗斯》主编费奥多尔·卢基扬诺夫指出，在关系俄罗斯利益问题上，中方能发挥的作用相对有限（中东问题尽管重要，但并非至关重要），而中方希望，在联合国内处理直接涉华利益问题时俄罗斯能够遵循中方的方针行事，无论是有关朝鲜半岛问题，还是中国周边海域冲突升级。另外，俄罗斯对中国在中亚地区的影响力提升、在北极地区的跃跃欲试等方面神经敏感和脆弱，而俄罗斯高调重返亚太，加强与印越军事合作、在南海搅局等问题，让中国颇感不适，虽隐忍不发，但也使中国民众对俄罗斯的信任度降低。

三是俄罗斯的重返亚太与多元实用主义外交一定程度上加深了两国的战略互疑或战略防范，不利于中国周边环境的改善。俄中关系存在合作与防范的"两重性"。俄罗斯认为中国一定程度上是其战略与经济上的竞争对手，俄罗斯对中国的崛起既存妒忌，也忌讳成为中国现代化的原材料附庸。关于上海合作组织问题，俄罗斯希望在其中发挥主导作用，偏向安全合作，而中国也想发挥主导作用，注重经济合作。

俄罗斯与印度、越南等与中国有争端的周边国家加强合作，增加亚太影响力的砝码，防范和平衡中国的影响。俄军火在印度全部军火采购清单中占80%。2007年至2011年，印度从俄罗斯进口120架苏-30MK型和16架米格-29K型战机。俄罗斯地缘政治问题研究院院长列昂尼德·伊瓦绍夫指出："俄印伙伴关系将遏制中国的能量。"近几年，俄罗斯还将为越南提供一批强击机。2014年，俄罗斯生产的"基洛"级潜艇将供应给越南。俄罗斯对中国对手的武装一定程度上使中国周边环境更趋恶化。

对于俄罗斯的重返亚太战略，中方需持审慎与建设性态度，努力做到趋利避害、互利共赢。一是倡导非零和博弈观念，正确看待和处理俄罗斯基于国家利益而不损害中国利益的实用主义外交行为，对俄罗斯加强与印度、越南、日本等国关系反应不应偏激。二是采取理性与务实态度。对于俄罗斯的重返动作，中国要具体问题具体分析，根据国家利益选择支持、中立或其他态度，努力维护中俄战略协作伙伴关系。引导俄罗斯和上合组织在亚太地区的建设性作用。三是坚持原则性与灵活性的结合。可利用美俄矛盾，维护和巩固与俄罗斯的战略协作，增加利益会合点，构建中俄友好利益共同体。

# 第五章　是继承还是超越

## ——双重地震后日本对外关系走向

朱凤岚[*]

　　2011 年 3 月 11 日，日本东北部地区发生里氏 9.0 级强烈地震，地震引发海啸，随之处于重灾区的福岛第一核电站发电机组出现爆炸，溢出大量放射性核物质，造成严重的地区环境安全问题。这次大震灾所带来的强烈冲击波及了日本经济、政治、社会、文化、思维方式、对外关系等方方面面，以致被日本外交蓝皮书定位为"日本东北部海域地震是日本战后最大的国家危机"。然而，就在自然灾难发生后不足三个月时间内，日本政坛又现险情，出现震动。6 月 1 日，由在野的自民党、公民党和日本奋进党联合向国会提交了对菅直人内阁的不信任决议案。8 月 30 日，民主党党首野田佳彦成为日本新首相。在不足半年的时间里，岛国日本相继发生自然地理与政坛运作上的双重地震。在东日本大地震的国际救援中，日本是如何通过接受外国救灾援助来彰显其对外关系上的亲疏远近的？政坛地震发生后日本对外关系战略是对之前的继承还是有所超越？未来一段时期内日本的对外关系将会偏重哪些方面？这些动向对中国的对日外交政策有哪些启示？本章将聚焦上述问题展开分析与讨论。

---

　　*　朱凤岚　中国社会科学院亚太与全球战略研究院，副研究员。

## 第一节　震灾受援验证日本对外关系"亲疏远近"

"灾难外交"理论认为，灾难在国家交往过程中，以"外交的催化剂"方式影响外交进程。[①] 日本大地震引发的次生性海啸灾害以及核泄漏事故，因其危害强度烈、波及范围广以致迅速上升为举世瞩目的非传统安全问题。周边国家乃至国际社会的对日救灾外交也随即成为日本衡量其对外关系亲疏远近的验证码。

根据日本外务省官方网站提供的数据，日本 3·11 特大地震灾害发生后，日本政府共收到来自 254 个国家、地区和国际机构发来的慰问电。先后有 163 个国家和地区以及 43 个国际机构表明向日本提供救助。其中，28 个国家（地区）以及国际机构派遣了紧急救援队、医疗支援队和灾后重建援助队赴日本灾区进行援助。此外，还有 124 个国家、地区和国际机构向日本提供了总额约 175 亿日元的救灾物资及资金捐助。[②] 日本接受的主要救灾援助情况详见文中附表。

### 一　美国援日尽"友情"，同盟关系更稳固

美国在日本大震灾中，无论是救援速度还是援助力度，都尽显出铁血同盟的风范。驻日美军在代号为"朋友作战"（Operation Tomodachi）的救援中，共投入陆、海、空军 2 万多人，舰船约 20 艘，飞机约 160 架次，提供食物约 280 吨，饮用水 770 万升，燃料约 4.5 万升，运送货物总量 3100 吨。[③] 与此同时，美国红十字会还向日本提供 2 亿 1650 万美元的赈灾捐款。3 月 13 日，美国政府派出由 144 人组成的医疗队进入重灾区进行救援活动，同一时间，由 11 名核专家和 34 名能源官员组成

---

① 关于灾难外交理论的阐释详见毛维准、阙天舒《灾难外交：一种新的外交方式?》，载《世界经济与政治》2005 年第 6 期，第 56 页。
② 日本外务省网站（http://www.mofa.go.jp/mofaj/saigai/index2.html），上网时间 2011 年 10 月 13 日。
③ 《東日本大震災に係る米軍による支援（トモダチ作戦）》（http://www.mofa.go.jp/mofaj/saigai/pdfs/operation_ tomodachi.pdf），上网时间 2011 年 10 月 17 日。

的救援队到达东京、横田、福岛等地展开调查、救援活动。

美国的救援行动，一方面体现了美国的人道主义同情心，另一方面更是基于美日同盟关系的紧密性。从灾区道路上处处留下的"感谢美国"、"感恩美军"的字样中，可以看出日本灾区民众对驻日美军参与赈灾救援的感激之情。国与国交往的基础在民众，民众交往的基础在民心；民心被打动了，交往的基础就牢固了，国家间关系相应也就会比较稳固。应该说，这次地震是对日美同盟关系的一次检验，驻日美军对日本提供的快速且及时的大规模援助，使饱受震灾煎熬陷入恐惧的日本国民感受到了美国的实力及其对日援助的不可替代性，这在一定程度上缓和了之前日本民众对驻日美军的不满和排斥情绪。

## 二　韩国对日送温情，伙伴关系进一层

地震发生后，韩国迅即派遣由 5 名救援队员和 2 匹搜救犬组成的救援队赴日救助，成为除驻日美军以外首个抵达日本的外国救援小组。同时，李明博总统从出访地阿联酋电话日本首相菅直人，表示将随时增派救援队协助日本恢复灾后重建。① 14 日，由韩国中央 119 救助团、救助队员 102 人组成的第二批救援队员抵达灾区。同时，3 架 C130 运输机处于待命状态。

韩国民众普遍认为，韩国是日本最近的邻国，日本遭遇重大自然灾害，韩国应该及时伸出援助之手。尽管两国依然存在历史问题，但这与提供救灾援助是不同性质的问题，希望在各种因素作用下，韩日关系得到加强。在领土问题上强烈批判日本的网站论坛也不断出现激励日本的帖子，并发出"向邻国日本表示我们的友情"的号召。原日军慰安妇的后援市民团体代表洪贞植呼吁："自然灾害也会在韩国发生。让我们大家一起帮助日本的受灾民众。"② 此外，韩国的宗教团体、大学、媒体，还有个别"反日团体"也加入到了爱心捐赠活动。截止到 3 月 27

---

① 日本外务省网站（http：//www. mofa. go. jp/mofaj/kaidan/s_ kan/rok_ 1103. html）。

② 《中俄韩三国民众向日本灾民伸出援手》，人民网（http：//www. chinadaily. com. cn/hqgj/jryw/2011－03－13/content_ 2004424. html。

日，韩国为日本地震灾区募集到的捐款达到 213.45 亿韩元。

从日本大地震发生后韩日两国的互动情况看，双边关系已经摆脱了那种因历史问题纠缠不清、双方均试图改变对方的混乱期，正朝着承认不同、开始倾听和询问的整合期阶段发展。[1] 这突出表现在赈灾救援期间发生的日本教科书将独岛（日本称"竹岛"）标注为日本领土事件的处理上。韩国政府一反以往的激烈抗议行为，只是以外交部长召见驻韩大使申明立场的方式温和处理之。韩国民众也认为，"领土争端不能与地震救援相混淆，争端归争端，救援归救援"。[2] 这种区别对待援助日本地震灾区和日本教科书问题的做法，体现了韩国对日本的看法日趋冷静、理性。

### 三 东盟国家借赈灾，积极回馈日本 ODA

东南亚国家向来是日本苦心经营的地区，战后日本又通过向该地区提供大规模 ODA 与区域内各国建立了密切的合作关系。3 月 12 日，由五名救助人员组成的新加坡救援队抵达日本成田机场，新加坡成为第一个救援日本的东南亚国家。同时，菲律宾、泰国、马来西亚等国政府均向日本伸出了援助之手。

此外，东盟作为一个地区组织于 4 月 9 日在印尼首都雅加达召开了"东盟及日本外长紧急会议"，表示东盟将会作为整体对日本提供支援，与会的各国外长纷纷承诺将帮助日本度过此次危机。

东盟各国踊跃向日本派遣救援队并提供相应的救援物资，显示了日本在东南亚地区的良好形象。

### 四 俄罗斯援日释前嫌，领土争议暂缓解

日本特大地震发生前，日俄两国因北方领土问题，关系陷入极度僵

---

[1] 心理学家认为，任何一对亲密关系的出现，都要大致经历五个发展阶段，即：浪漫期、权利争夺期、整合期、承诺期、共同创造期。其中，在权利争夺期会出现混乱，而从权利争夺期进入整合期时，常常出现诸多障碍，如果处理不好，会导致走向分离、敌对。

[2] 《韩国谴责日本教科书问题》，详见新华网（http://news.xinhuanet.com/world/2011 – 03/30/c_121250193.htm），上网时间 2011 年 10 月 18 日。

持状态。突如其来的大震灾使火热的俄日领土之争瞬间冷却。在领土争端中甚为激进的"青年近卫军"率先对外宣布取消原定 3 月进行的"登岛活动"，并表示近期不打算组织任何对日的抗议示威活动。莫斯科街头还出现多幅海报和广告牌，呼吁人们向遭受大灾难的日本提供帮助。同时，俄罗斯还向日本重灾区派遣了 156 人的救援队，是所有外国救援队中人数最多的。俄第一副总理舒瓦洛夫在发言中表示："无论两国是否存在和平条约和领土问题，每个俄罗斯人都会向日本伸出援手。"①

俄罗斯国内对日本大震灾的同情氛围，得到日本方面的积极回应，5 月 5 日，日本副外相率伴野团访问俄罗斯，一方面感谢俄罗斯提供的大力救助，另一方面希望日俄加强包括铁路建设、能源开发在内的经济合作，其中，特别希望俄罗斯提供切尔诺贝利核电站事故处理的成功经验，等等。②

日俄两国借助日本发生的重大灾难，暂时遏止了南千岛群岛（北方四岛）争端升级的势头。但是，领土争端毕竟是关乎争议双方国家利益的实际问题，它的解决与自然灾害的发生并不构成因果关系，故不可能使争端的性质发生任何变化。俄罗斯对日本努力开展"地震外交"，与其推行的能源立国战略不无直接关系。日俄在能源领域的合作非常广阔且有着深厚的基础，这也应该是福岛核泄漏造成能源短缺的日本积极回应俄罗斯对日援助的深层考量。

## 五　中国援日力度大，民众心理很复杂

在日本大地震的国际救援中，中国对日本的救援力度堪称史无前例。通过强有力的各种救援和捐助以及国内新闻媒体的深度报道，中国不仅向日本表达了巨大的同情心而且还传递了改善关系的强烈信号。从

---

① "日本使馆举办感谢晚会，俄副总理称两国是'真朋友'"，详见共同网（http：//china. kyodonews. jp/news/2011/04/7872. html），上网时间 2011 年 10 月 20 日。

② 日本外务省网站（http：//www. mofa. go. jp/mofaj/annai/honsho/fuku/banno/russia_ 1105/gaiyo. html）。

政府层面，中国向日本派出 15 人组成的医疗队，并提供 3000 万元的救援物资和 2 万吨汽油燃料。从民间层面，中日友好协会宣布捐款 10 万元，中国红十字会先后分三次捐款 2600 万元，中佛协还号召全国主要寺院为日本灾区举行超荐祈福法会，并募集 100 万元善款捐助日本灾区。此外，一些民营企业和社会知名人士及大学生也踊跃捐款捐物。

从中国政府援日活动的展开、中国民众对日本大地震的反应以及日本对中国救援的接受情况，可以清晰看出中日两国关系所处的发展阶段乃至两国国民在认知层面存在的巨大差异。鉴于 2008 年 5 月汶川地震时 31 名日本搜救队员真情感人的画面尚记忆犹新，加之中日两国是近邻，日本发生大地震后，中方立即着手组织紧急救援队。3 月 12 日，80 余名救助队员和 12 只搜救犬在北京首都机场集合听候日方的入境许可，但根据日方的安排，这支救助队伍的人数却减至 15 人，[①] 而且在时间安排和救灾地点等方面都有着平衡与其他国家关系的考量。

中国的救援队和救援物资没能在第一时间到达日本，一方面中国协调好国内有关部门的关系需要一些时间，而更主要的则是受驻日美军基地机场开放问题的制约。美国以及作为其盟国的韩国、英国和澳大利亚等国可以使用美军驻青森县的三泽基地，但中国只能使用民用的羽田机场，而且救灾物资也不能直接停靠或使用驻日美军向其盟国开放的港口，以致日本拒绝接受中国派遣医疗船援助，这些都从一个侧面反映出了日本与其他国家的双边关系有受制于美日军事同盟关系的因素。此外，中日两国政府在认知层面尚存在难以逾越的鸿沟。比如，对于外国救援队的定位，中国认为接受搜救队和医疗队等援助是体现双边关系的重要外交政策，而日本则更重视救援活动本身的整体效率和调度便利。[②] 政府层面的认知差异直接投射到民间层面，两国国民对对方的不信任情绪难以消弭也就不足为奇了。

从日本大地震的国际救援行动以及日本接受救援的情况，可以清晰

---

① 段欣毅：《"知日大使"何以不解日本受援方式？》，详见（http：//word. people. com. cn/GB/14289507. html），2011 年 10 月 18 日检索。

② 品田卓：《政治与务实：日中之间的鸿沟》，载《日本经济新闻》2011 年 5 月 8 日。

地反映出日本对外关系的亲疏远近排列次序。即日美同盟为中核；第二层次为间接的盟友，主要是美国同盟旗下的英、法、韩国、澳大利亚、中国台湾等国家和地区；第三层次为与日本历史渊源甚深且有共同价值观的东南亚地区各国；第四层次为能够对中国实力起制衡或牵制作用的俄罗斯、印度、蒙古国等国；第五层次则为地理毗邻的中国以及地理遥远的土耳其、约旦等国。具体来说，处于中核的日美同盟关系在快速协调应战能力方面彰显了无与伦比的优越性。第二层次的间接盟友也发挥了快速集结的配合救助优势。第三层次的关系主要体现了"情感投资反哺回馈"的良友关系。第四层次则主要起平衡的作用。第五层次显然是防御、遏止关系。从日本接受国际赈灾救援的选择上，也充分显示了其现代版"远交近攻"策略已俨然形成。

### 3·11 大地震日本接受国际救援情况

| 国家/地区 | 日本接收外国救援队情况 | 日本合作部门 | 到达/离开 | 是否美国同盟 | 使用机场 |
|---|---|---|---|---|---|
| 美　国 | 救助队员 144 名 | 消防厅、警察厅 | 3/13 – 3/19 |  | 三泽 |
|  | 核管委 11 人，能源专家 34 人 | 防卫省 | 3/13 – 3/15 |  | 横田 |
| 韩　国 | 救助队员 107 人，救助犬 2 匹 | 警察厅 | 3/12 – 3/23 | 是 | 羽田 |
| 中国台湾 | 救助队员 28 名 | 警察厅 | 3/14 – 3/19 | 是 | 羽田 |
| 法　国 | 救助队员 134 名（11 名摩纳哥人） | 警察厅 | 3/14 – 3/27 | 是 | 羽田 |
| 意大利 | 调查队员 6 名 | 无 | 3/16 – 3/21 | 是 | 成田 |
| 英　国 | 救助队员 77 名，救助犬 2 匹 | 防卫省、消防厅 | 3/13 – 3/19 | 是 | 三泽 |
| 德　国 | 救助队员 41 名，救助犬 3 匹 | 消防厅 | 3/13 – 3/15 | 是 | 成田 |
| 瑞　士 | 救助队员 27 名，救助犬 9 匹 | 消防厅 | 3/13 – 3/19 | 否 | 成田 |
| 澳大利亚 | 救助队员 75 名，救助犬 2 匹 | 消防厅 | 3/14 – 3/21 | 是 | 横田 |
| 新西兰 | 先遣队员 7 名，救助队员 45 名 | 消防厅 | 3/13 – 3/19 | 是 | 成田 |
| 印　尼 | 救助队员 15 名 | 无 | 3/18 – 3/27 | 否 | 成田 |
| 新加坡 | 救助队员 5 名、救助犬 5 匹 | 警察厅、防卫省 | 3/12 – 3/15 | 否 | 成田 |
| 泰　国 | 医疗队员 4 名 | 无 | 5/6 – 活动中 | 是 | 成田 |

续表

| 国家/地区 | 日本接收外国救援队情况 | 日本合作部门 | 到达/离开 | 是否美国同盟 | 使用机场 |
|---|---|---|---|---|---|
| 菲 律 宾 | 医疗队 3 名 | | 6/28 – 7/13 | 是 | |
| 俄 罗 斯 | 救助队员 156 名 | 警察厅 | 3/14 – 3/18 | 否 | 成田 |
| 南 非 | 救助队员 45 名 | 警察厅 | 3/18 – 3/27 | 否 | 成田 |
| 印 度 | 救援队 46 名 | 警察厅 | 3/28 – 4/8 | 否 | 成田 |
| 斯里兰卡 | 灾后重建队 15 名 | 无 | 5/12 – 活动中 | 否 | 成田 |
| 蒙 古 国 | 救助队员 12 名 | 警察厅 | 3/15 – 3/21 | 否 | 成田 |
| 墨 西 哥 | 救助队员 12 名，救助犬 6 匹 | 警察厅 | 3/14 – 3/19 | 否 | 成田 |
| 以 色 列 | 医疗队 53 名 | 无 | 3/27 – 4/11 | 是 | 成田 |
| 土 耳 其 | 救助队员 32 名 | 警察厅 | 3/19 – 4/11 | 是 | 成田 |
| 中 国 | 救助队员 15 名 | 消防厅、防卫省 | 3/13 – 3/20 | 否 | 羽田 |

　　资料来源：根据日本内阁府网站"防灾信息"专辑以及日本外务省网站"东日本大震灾"专辑（http://www.mofa.go.jp/mofaj/saigai/index2.html）提供的资料整理。

## 第二节　政权地震导引日本对外关系"合纵连横"

　　截至 2011 年 10 月 4 日，东日本大地震与海啸共造成 15821 人死亡，7098 人失踪，106833 户住宅被毁。[①] 据日本内阁府推算，本次地震造成的道路、桥梁、住宅、社会基础设施各种资产的直接损失约为 16.9 兆日元，是 1995 年阪神大地震损失的 1.8 倍。[②] 更为严重的是地震与海啸引发的福岛核泄漏事故，造成核电站周边 20 公里内的居民被强迫疏散，严重破坏了生活环境和社会秩序，并且核事故产生的大量高浓度污水以及向空气中排放的有毒气体，将长时间影响日本居民的生活，给日本社会和经济发展带来长期的负面影响。此外，政府及企业在

---

① 详见日本首相官邸网站（http://www.kantei.go.jp/saigai/pdf/201110041700jisin.pdf），上网时间 2011 年 10 月 20 日。
② 详见日本内阁府网站（http://www.bousai.go.jp/oshirase/h23/110624 – 1kisya.pdf），上网时间 2011 年 10 月 20 日。

应对核泄漏事故过程中的疏忽与过失使危机加剧。天灾伴随人祸，二者叠加的巨大魔力严重冲击着岛国国民敏感的神经和抵御灾害的自信心。可以说，这次大地震犹如一枚重磅炸弹，震撼了日本政坛与日本传统的核观念，也由此对日本的对外关系产生了重要影响。

## 一 自然灾难催化政治流变，引发政坛大地震

日本大地震发生后，媒体的关注点以及日本政府的工作重点顿时转移到了福岛第一核电站的核泄漏问题上。但是，由于核电站的破损程度超过东京电力公司的预测以及东电公司本身的体制问题，首相菅直人没有能在短时期内处理好核泄漏问题，国民对菅直人处理核事故甚为不满。日本共同社 4 月 29 日和 30 日两天实施的全国电话舆论调查结果显示，认为菅直人在东日本大地震灾后应对及福岛第一核电站事故处理中"领导不力"的日本国民高达 76.0%，比 3 月下旬实施调查时增加了12.3 个百分点。[①]

二战结束后，成型于 1955 年的日本自民党"一党优越"体制长期存在。随着冷战结束，20 世纪 90 年代，日本自民党一党独大的土壤开始松动。21 世纪初期，日本民主党执掌政权，拉开了日本两党政治时代的序幕。尽管自民党不甘心于屈居第二，屡屡试图挽回颓势，均未能如愿。但是，东日本大地震引发核泄漏后，使民主党深陷四面楚歌的境地：国际社会对日本核安全抱有戒心；国民对政府缺乏信心；民主党内部派阀之间的排他性甚为严重；在野党对民主党核泄漏处置不当的指控。一时间，民主党的执政能力以及首相菅直人的去留受到巨大压力。

在大地震之前，民主党政权执政的稳定性即遭到苛责。在 2010 年7 月的参议院选举中民主党的失败造成了日本政党史上的扭曲国会局面，使民主党执政的稳定性大打折扣。大地震后，由于菅直人政府的赈灾政策不力，民主党内部不团结的局面日趋严重，在野党更是在 2011

---

① 《近八成日本国民不满菅直人领导能力 要求下台呼声愈涨》，详见 http：//www.chinad ai-ly.com.cn/hqgj/2011 – 05/01/content_ 12428100.htm（上网时间 2011 年 10 月 20 日）。

年 6 月 2 日提出了内阁不信任案。尽管由于菅直人有辞职承诺在先，不信任案未能通过，但菅直人领导的民主党政权摇摇欲坠。8 月 26 日，日本首相菅直人宣布辞职，当时日本媒体最关注的热门候选人只有两个人：一个是任经济产业大臣的海江田万里，另一个是强调日美同盟，对日本周边国家推行强硬外交的原外务大臣前原诚司，然而在最后的投票中，较早宣布参加民主党党首竞选的财务大臣野田佳彦当选。

## 二　日美同盟成为日本安全保障和外交的最大资产

二战结束初期，日本既无军力，也无财力，手里只有基地可以提供给同盟国美国。因此，日美在 1951 年签署的《日美安保条约》中规定，日本提供基地，作为交换，日本则享受美国的军事庇护。六十年来，日本对外关系一直沿着以日美同盟为基轴的轨迹运转。然而，民主党执政后，当时的日本首相鸠山由纪夫宣称要修改自民党与美国业已达成的美军普天间机场搬至名护市的计划，坚持"底线是搬到县外"，使日美相互信赖关系出现倒退。之后，继任的菅直人政府对普天间日美协议也是袖手旁观，日美同盟关系芥蒂频生。

然而，东日本大地震发生后，日美展开了救灾合作，驻日美军与日本自卫队配合默契。日本在救灾活动中，投入了大约 10.6 万名自卫队队员，而日本自卫队总人数约为 24 万人，也就是说，日本自卫队 42% 的军力都参与了救援行动。此外，日本海上保安厅在全部的 11 个管区内，派遣 349 艘巡视船、飞机 46 架展开警戒。其后，又相继向地震灾区集结了救助能力极强的搭载直升机的大型巡视舰（来自其他管区 35 艘）、18 架飞机（来自其他管区 15 架），分别编成青森船队、岩手船队、宫城船队、福岛船队和特别任务船队，展开有效救助。在震灾发生后的第二天，日本海上保安厅即向重灾区所在的第二管区海上保安本部派遣了后援职员以及向各县的对策本部派遣了防化人员。同一时间，驻日美军投入大约 2 万人参加灾后救援。这就意味着 10 万多名日本自卫队队员和日本海上保安厅队员与 2 万多驻日美军士兵在灾区展开联合救援行动，这在日美同盟关系史上堪称最大规模的联合行动。日美两国在此后发表的《日美安全保障协议委员会文件》中高度评价了日美两国军方的密切合作，称"这次大规模共同行动的成功，证实了两国长期以来训练、演习以及计划取得了丰硕成果"。①

大震灾使日本国民的思维方式发生了巨大改变。首先是对自卫队的认识完全不同于以前。之前日本国民对自卫队没有一个清晰的认识，特别是对自卫队在灾害来临时发挥的作用持怀疑态度。但是，在这次大地震中，自卫队承担的工作非常明确，就是救灾。为此，灾民和国民都理所当然地期待自卫队的救援。

其次，对外国来日参加救援行动的认识发生了变化。1995 年阪神大地震时，日本灾民对于来自外国的援助在心理上有抵触，警察对此也持慎重态度。这次大地震，由于日本政府迅速采取了接受外国援助的方针，以同盟国美国和最先派遣救援队的韩国为中心，全世界 138 个国家和地区都对日本进行了赈灾援助，其中包括长期接受日本 ODA 的印度尼西亚、蒙古国等国也向日本派出了救援队并提供物资支援。世界银行的罗伯特·佐利克总裁说："日本迄今为止一直向世界贫困国家伸出援助之手。当这个国家陷入危机，大家都觉得要做些什么来回报日本。"日本在战后持续地致力于以 ODA、环境、开发、裁军等打造"民生大国"的形象，这次大地震能够得到来自世界如此多的支持也可以说是获得世界认可的一个证明。

再次，日本灾民的忍耐和谦恭给全世界竖立了典范。在遭遇如此大的灾难面前，日本人并没有化为野兽群体，而是依然像平日那样遵守社会法律和各种规章制度，保持住了人类的文明。按照世界常识，在突发性的大灾难中，派遣军队的任务多是灾害救援活动和维持治安活动参半。但是，在日本基本上都是集中于救援活动。

大地震后新当选的日本首相野田佳彦在其施政演说中强调，"稳定的财政、健全的国民经济向来都是国家安全保障的前提，是外交力量的

---

① 《日米安全保障協議委員会文書：東日本大震災への対応における協力》、日本防衛省·自衛隊（http://www.mod.go.jp/j/approach/anpo/201106_2plus2/js3_j.html）。

源泉。尽管如此，国家闭塞向内发展是绝对不允许的。国家安全和平和的国际关系都没有得到确保的话，更别指望经济社会的发展。……中国是日本最大的贸易进出口国，其巨大的市场潜力正在不断带动亚洲经济的发展。如果中国经济社会的发展能够与国际社会保持协调，对于日本而言，是一个绝好的机遇。另一方面，中国军力正在迅速增强，活动范围也在不断扩大且'战略意图不明'，因此成为日本乃至整个亚太地区'最令人担忧的因素'。近年来，中国在南海及东海等领域所显示的军事实力，彰显出其强硬的外交姿态，具有动摇区域内国际秩序的风险。对韩国不断进行军事挑衅的朝鲜，依然是东北亚地区最严重的不安定因素。……在这种机遇与风险的国际环境中，要确保日本的安全，毫无疑问首先要提高日本自身的自主安保能力。在新日本防卫计划大纲中，提出了'动态防卫力'计划，今后不仅要提高防卫能力的质和量，而且还要着眼于实际的运用，以全面完善日本的防御体系……日本安全保障和外交的最大资产就是日本自身的努力和日美同盟"。

## 三　对外关系"合纵连横""远交近攻"之调整

如果没有国内和战略上的迫切需要，任何一个国家都不会采取对抗性的外交政策，即使这种政策取得成功的希望非常大。

近年来，围绕南海主权问题，中国与越南、菲律宾等国不断发生纠纷。海洋安全引起世人瞩目和广泛担忧。

2011 年 7 月，美中经济与安全评估委员会委员卜大年（丹·布卢门撒尔）在美国国会中国问题核心小组会议上，做了题为《中国在南海活动的影响》的报告。他在列举了自 2001 年中美撞机事件以来中国在南海地区维护海洋权益的行动后，提出，"中国的经济成功及其不断增长的军事实力使其更加大胆地提出领海要求，在西太平洋开辟海上势力范围，从而限制美军进入该地区的机会"。他还提议美国政府需要做三件事情：第一，在外交接触上必须更具前瞻性，并对各方明确其利益。美国必须优先考虑不仅是争端的"和平解决"，而且争端解决方式不损害我们的海洋利益。第二，我们应该继续行使对国际习惯法的解释，继续我们在中国专属经济区的活动和定期开展在中国南中国海自由航行演习。第三，通过我们的外交与军事活动，以及帮助我们的朋友和盟国建立捍卫权利的能力，进而保证他们的权益。

2011 年 9 月，在越南社科院举办的一次南海问题会议上，中国的海上邻国纷纷把矛头指向中国。菲律宾拉萨大学的卡斯特罗教授认为，"从中国近期在南海的举动看，中国在宣扬和平的掩饰下，无视周边国家和区外国家的利益，采取了各种外交手段以宣示'九段线'以内的南海主权。南海形势的恶化都归咎于中国所采取的行动"。日本东京冈崎研究所的小谷哲夫称，"中国历史上的统治者很少关心海洋。现在，中国集合资源建设海上力量的目的在于确保能源与海上航运安全"。他指出，"东亚的稳定是基于中国、俄罗斯和印度等陆上力量与美日海上力量的平衡。中国在海上的扩张将打破这种平衡。寻求对海上航道的控制将进一步激起各方对中国的敌意"。越南经济研究院原院长武大略教授认为，"如果通过使用武力来解决南海问题，对各方都是不利的，包括中国在内"。他强调，"为解决南海问题，各方都要在国际法和承认现状的基础上加强协商。此外，这种协商还应有区外国家的参与"。

日本外相玄叶于 10 月 11 日起对新加坡、马来西亚和印度尼西亚等东盟三国进行为期五天的访问。此前的 9 月 27 日，日本刚刚和菲律宾发表了包括加强南海安全合作等内容的联合声明。从玄叶外相的出访行程可以看出其目的，一是出于政治目的，希望加强与东南亚各国在海洋安全方面的合作，实现其倡导的通过多边磋商解决南海海域争端的主张。本来，南海海域的主权归属问题与日本无关，日本之所以积极插手南海事务，一方面是出于配合美国重返亚洲的需要，另一方面主要是担心有关各方倘若通过双边友好磋商确认了主权归属，会大大影响日本自身的利益。因为该海域一旦有了归属，尤其是归属中国之后，日本认为有可能会被中国牵制住其航运的命脉，从而受制于中国。在此情况下，通过把问题搞复杂化和扩大化以及国际化后，可以拖住南海问题解决的速度，以便谋求自己的利益。

对日本来说，南海是从中东进口石油资源的重要海上航道。为了牵制中国在南海的活动，日本决定联合美印澳以及东盟相关国家，建立南海安全机制。在具体的战术操作上，日美印澳、菲律宾和越南等国将在11月举行的东亚峰会上以维护南海航行自由，严守国际法的名义提出建立南海安全机制。同时，日本将提议创设一个各国政府高官和民间学者磋商南海事务的多边会议。

为此，日本政府将在东亚峰会前四面出击。玄叶光一郎外相于10月11日～15日出访印度尼西亚、马来西亚和新加坡。越南国防部长于10月下旬访日。日本和印度尼西亚将启动外务和防务部门双边磋商。日美印首次高级官员磋商定于10月下旬在东京举行。

在海洋问题上，由于美国宣称要插手南海问题，根据美国的动向，日本随时都可能被自动卷入纷争。为此，日本采取了与美国同步的策略，合纵连横游说并影响与其有共同价值观的海洋国家，特别是主动接近在南海问题中与中国矛盾最大的越南、菲律宾和马来西亚，以签署联合声明的方式，形成对中国的分庭抗礼、全面包围之势。

据日本防卫省统合幕僚监部统计，2011年4～9月，航空自卫队战机紧急出动203次应对可能侵犯领空的外国飞机，其中83次针对的是中国飞机。针对中国飞机的紧急出动次数比上年同期大幅增加了2.5倍（2010年航空自卫队针对中国飞机的紧急出动24次；针对俄罗斯飞机的紧急出动次数为106次，较上年同期减少43次）。

隐蔽在这些现象背后的一个潜在的长期因素，并不是在被承认的现状范围内分割岛屿领土和海域管辖权的问题，而是关系到百余年来日本作为亚洲领头雁的现状能否继续维系、亚太地区的权力如何分配、在这一地区取得支配地位还是没有地位的利害攸关的问题。

事实上，两次大地震后，日本民主党新政权对外关系的推进与调整，充分反映出无论是日本哪一个政党执政，其优先考虑的都是自身的国家利益，在外交政策上也有一定的连贯性。即借助美国这个强有力的他力，拓展国际空间；战略性联合与美国有同盟关系的次盟友，加强信赖关系；作为亚洲外交的核心，密切与东盟各国的伙伴关系；谋求与俄罗斯、印度等国平衡同中国的关系；在利益攸关的领土主权及东海权益等具体问题上对中国采取强硬政策，以争得其他与中国有类似争端的国家的同情。日本这样的外交理念，在东日本大地震接受赈灾救援外交层面表现为优先美欧，接纳韩国与东盟，怠慢中国；① 在政坛大地震后的外交实践上表现为亲善美及其同盟国，拉拢东盟与南太岛国，在海洋安全问题上制约并围堵中国。

## 第三节　双重地震后日本对外关系将会继续"远交近攻"

世界是统一的整体，任何国家的生存与发展都离不开系统中自身之外其他部分的配合。

现实主义理论家汉斯·摩根索根据国际司法功能的性质，把存在于国家之间的争端概括为三种类型。第一类是单纯的争端。第二类是具有紧张状态实质的争端。第三类是体现紧张状态的争端。他认为，单纯争端是指两国之间有时不存在任何紧张状态，却存在争端；或者有时候尽管存在紧张状态，但争端与紧张状态无关。因此，单纯争端是可以通过法律途径解决的。比如，东盟国家之间普遍存在的海洋划界或者岛屿主权争执，但由于争端当事国之间不存在紧张状态，才出现新加坡与马来西亚、印度尼西亚与马来西亚等将岛屿主权归属争端以及海洋划界争端提交国际法院，由法院作出裁决的案例。具有紧张状态实质的争端是指紧张状态可能与争端有关。

目前，日本政坛有一个值得关注的动向，野田佳彦政权正在着手推行所谓的"价值观外交"，加强和其他在市场经济和法制等方面具有相同价值观的国家间的合作。外相玄叶光一郎也提出准备以日美同盟为中心，在亚太地区构筑一个较为宽松的合作网络。他曾结合本次出访表示，将在东盟三国行中推行价值观外交，称"在亚太地区构筑以民主主义价值观为基础的稳定、多样的社会秩序是最重要的课题"。舆论认为，在 11 月的东亚峰会上，日本可能正式启动价值观外交。所谓的价

① 吕耀东：《东日本大地震后的日本外交策略浅析》，载《日本学刊》2011 年第 4 期，第 54 页。

值观外交，其对象包括印度、澳大利亚、加拿大及秘鲁等国。日本有舆论就此认为，价值观外交实际上把中国排除在外，会使得一些国家对此持消极态度，也会导致中日关系因此降温，这种外交到底能不能取得预想成果，目前尚难以预料。

"对日本来说，当然要在防卫、安全保障政策上做到万无一失。同时也要认识到，日本一国的所作所为在本质上是有一定限度的。所以，日美同盟是日本的防卫、安全保障政策不可欠缺的要素。除此以外，与韩国、澳大利亚、东南亚诸国等志同道合国家展开安全保障合作，以及与以联合国为首的国际社会展开多边国的经纬外交运作也非常重要。坚固的防卫和安全保障政策是推进自由国际主义外交的坚实基础，也是日本对华政策的基础。"

中国不要寄希望于一次救灾援助就能改善与日本之间的关系。但是可以灵活运用灾难外交改变国民间的隔阂态度和敌对观念，进而促进改善中日关系。

面对经历危机焦灼的日本外交策略，中国不必作出过度的反应，也不要将中日关系作为单纯的两国关系来看待，因为日本并没有把中国纳入自己正常的对外关系系统中，是作为另类看待的，在这种情况下，无论中国做什么，怎样做，都不会被接纳的。所以，应该在国际社会堂堂正正地彰显中国与日本截然不同的外交特质和优势。寄希望于一次救灾外交就全面改善国家间关系，未免太过幼稚。但是，灵活运用灾难外交改变国民间的隔阂和敌对观念，进而促进国家间关系改善，不失为一种明智的选择。对中国而言，这也是坚持负责任大国之路和维护国家声誉的一种高明的外交策略。

日本总是将中国、朝鲜、俄罗斯三国当成自己军事上的假想敌，对于这三个拥有核武器的邻国动向一相十分关注，这同时也是日本文化的危机感在国际关系领域的固有形态。这样的"镜像认知"会导致有意夸大中朝的军事实力，宣扬两国的"军事威胁论"，并以此为借口试图将扩充自卫队、拥有一定数量的核武器等意图合理化。在与中俄朝韩的领土争端问题上，日本也从不示弱。在中日钓鱼岛问题上，日本借机宣扬中国施加政治压力，引起日本国内对华不满情绪；日俄北方四岛争端，日本试图推翻二战结果，否认二战后俄罗斯对北方四岛的主权；朝鲜绑架日本人问题也被日本无形放大，多次协商未果；在朝鲜核问题上，日本最为敏感和警觉；日韩独岛（竹岛）问题，双方的争执也很激烈。

"与其说日本人重视罪，毋宁说更重耻。真正的耻感文化依靠外部的强制力来做善行。羞耻是对别人批评的反应。"[①] 从明治维新以来，日本一向为了赢得国际社会的地位而不懈努力，渴求"日本第一"的目标从未舍弃过，这显然也包括核武器和核能在内。西方社会人类学家虽然意识到了东方的耻感与西方的罪感在文化模式上的不同，却无力揭示"耻"的标准。所以，无论是作为美国的同盟附属国，还是为了成为拥有核武器的军事大国，日本都翻云覆雨，从未有过一丝的羞耻感，更不用提动辄拿中朝俄说事了。[②]

经历重大地震后的日本，国民的思维方式正在发生变化。在日本探索变革的过程中，作为不可搬动的近邻以及挥之不去的历史阴影，中日两国比以往更在意对方。日本更热衷讨论中国如何崛起，崛起后的中国将对日本带来哪些威胁；中国则更习惯推测日本是否衰落或者轻视日本乃至根本不把其当作对手。在资讯高度发达的今天，任何内部讨论以及相关决策早已大大超越国内舆论范围，成为影响两国国民感情和政府层面战略互信的重要因素。因此，两国的决策者和战略界均有义务在各自国内进行正确的舆论引导，防止错误的"镜像认知"导致两国冲突自我强化的预言成为现实。

---

① 〔美〕本尼迪克特著、吕万和等译《菊与刀》，商务印书馆，2003，第210、154页。
② 李军、尚侠：《文化因素与战后日本的和政策》，载《东北亚论坛》2011年第3期，第129页。

# 第六章　美国再平衡，印度会选边吗

## 吴兆礼[*]

**引言：** 美国推动再平衡战略导致中国和印度外部环境相向变化的趋势更为明显。印度与美国在防范中国上有共同利益，但印度也对美国再平衡战略引发的中国反应有所顾虑。中美关系基础未发生根本改变，印美近期不会发展为盟友，但美日印三边战略互动值得关注。

自美国 2011 年高调宣称"重返亚太"以来，经"亚太转轴"再到"亚太再平衡"，可以看出在美国的全球战略中，亚太地区已经成为重心与中心，中国是重要推动因素；而在美国的亚太新棋局中，印度的地位和作用则越来越受到关注和重视。综观 2012 年美国与印度的战略交流与互动可以发现，美国拉拢印度以实现自身"再平衡战略"并非仅仅停留在官方的"口头赞美"上。在过去的一年中，印美双边防务合作继续深化，美国、印度、日本三边战略对话机制也不断深入。那么，在美国推动再平衡战略的背景下，随着美国战略棋盘上印度重要性的增加，印度会做出怎样的战略选择？印度的亚太战略与美国的再平衡战略究竟有怎样的契合？印度对外政策会回归不结盟吗？中国与印度对外环境的相向变化对中印双边关系产生了怎样的影响？本章试图对以上问题进行分析并给予回答。

---

\*　吴兆礼　中国社会科学院亚太与全球战略研究院，助理研究员。

## 第一节　印度与美国：战略有契合，外交存顾虑

再平衡战略是美国应对地区尤其是亚太地区近两年新变化的战略转型。而印度也将对外战略的重点定位于"印度太平洋地区"。2011 年 7 月，美国国务卿希拉里·克林顿将亚太地区定义为"从印度次大陆至美国西海岸"的地区，美国 2012 年 1 月公布的新国防战略也特别提到了"从西太平洋和东亚延伸到印度洋地区和南亚的弧形地带"。而"印度太平洋地区"也成为印度战略界的新词。从地缘维度看，美国和印度的对外战略的重点出现会合。

以地区的维度，印度的亚太战略目标分为三个层次：第一层次是南亚地区，目标是维持在南亚地区的优势地位，通过继续实施"古杰拉尔主义"，巩固与南亚邻国的关系，力争摆脱冷战时期南亚邻国对印度实现地区性强国的羁绊与束缚，奠定实现全球性大国的地区基础。第二层次是东南亚地区，目标有三个：一是以经济合作为先导，重视并充分利用东南亚地区的经济活力，发展并深化与东南亚的经贸合作；二是以文化影响为纽带，扩展印度文化圈，强化印度文化对东南亚地区的影响；三是以安全合作为新的切入点，平衡中国对东南亚地区的影响。第三层次是更为广泛的亚太地区，印度总体目标是从战略的高度积极参与并全面拓展与亚太地区的大国关系，从政治、经贸与安全等多个维度营造有利于自身崛起的外部环境。具体来说：第一，强化与美国、俄罗斯、中国、日本等大国和东盟国家的双边联系；第二，融入多边合作机制，增进印度对亚太地区秩序塑造进程中的存在感与影响。

印度对美国战略调整表示欢迎，这为印度实现亚太战略提供了前所未有的机遇，但印度也对美国极力拉拢印度制衡中国的后果存有顾忌。新版不结盟政策报告认为，过分依赖美国将会是危险的，过多关注强化与美国关系潜在的负面影响是，它可能会过早地与中国为敌。可以说，尽管来自中国的"威胁"在某种程度上已经是印度战略界的

共识，但印度的外交挑战将是与几个大国形成一个多样的关系网，以迫使中国在与印度打交道时采取克制态度，同时又要避免这些关系让中国感到某种威胁。

印度对成为美国制衡中国的"棋子"而丧失战略自主存有顾忌，这一方面表明印度对美国是否准备好应对战略并持续贯彻这一战略持观望态度；另一方面也说明，这是印度实力现状与大国理想差距导致的一种必然路径选择。实现全球性大国地位，始终是印度制定对外战略的基轴。印度历届政府对外政策以及地区战略都是围绕印度的大国战略来制定和实施的。大国战略已然成为印度的国家意志，但实力的现状与影响的辐射成为印度追求大国地位的现实障碍。在伦敦经济政治学院发布的一篇名为《印度：下一个超级大国》的报告指出，印度依然面临诸多发展挑战，没有资格获得超级大国地位或被视为能与中国对抗的重要平衡力量。

印度在一定程度上对美国的贯彻新战略的意图以及持续性表示不信任，认为尽管美国在亚太地区的海上强势部署将有助于拖延中国海军向印度洋投送力量，但印美战略伙伴关系可能会成为中美关系任何战术性改进的受害者。2012 年 6 月 7 日美国国防部长帕内塔访问印度并与印国防部长安东尼举行会谈时强调与印度的安全合作是美国新战略的关键，但安东尼却明确表示在亚太地区需要强化多边安全框架，并以一种相关国家都感到舒服的步伐来推进，建议美国"重新校准"或"重新思考"其新战略。《印度：下一个超级大国》的报告就指出，印度不应受到风光的大国外交的诱惑，而应将注意力集中在改革各项制度和修复似乎即将分崩离析的社会结构上。报告声称，虽然印度取得了种种成功，重要性无可置疑，具有无可争议的潜力，但在评估印度是否具有超级大国地位时，仍有理由保持谨慎。报告甚至断言，那些培养印度成为对抗中国这一超级大国的民主平衡力量的西方人的愿望在短期内是不可能实现的。

实际上，不只是印度对美国的战略持续性、贯彻力度与决心表示顾虑，就连美国自己对未来国际格局的走向也难下定论。早在 2010

年 2 月，美国防部《四年防务评估报告》就指出，"世界上人口最多的国家中国和最大的民主国家印度的崛起将继续重塑国际体系，人们再也无法轻而易举地确认这个体系的性质"。美国国际合作中心的研究员也认为，"当前迈入的时代并不具有浓烈的意识形态色彩……美国不会与中国或亚洲其他任何国家开战……错综复杂的对华关系与其说是世界观的冲突，不如说是利益冲突。对美国而言，'9·11'后的干预时代已经终结"。美国战略预测公司总裁弗里德曼也认为，美国在冷战结束后就没有战略，今天也没有战略，美国权势导致的失衡是全球体系的最主要特征，而美国并没有为它的这种地位做好体制上和心理上的准备，美国人对于他们所置身的世界没有清楚的认识。

总体上，美国再平衡战略针对的是中国，而印度亚太战略的核心也是营造自身发展的有利环境，在防范与接触中国方面与美国有共同利益。但鉴于印度质疑美国贯彻再平衡战略的决心与意志，加之自身实力有限，发展的"机遇窗口"还很小，印度更希望与美国形成一种"伙伴关系"，而不是可能刺激中国并有可能与中国为敌的"盟友关系"。

## 第二节　不结盟2.0：强调战略共识，把握<br>"机遇窗口"，运用纵横捭阖技巧

2012 年 2 月 28 日，新德里国防大学与政策研究中心（NDCCPR）发布了一份名为《不结盟2.0：印度21世纪对外和战略政策》的报告。可以说，这是印度自冷战结束以来最为全面与深入的外交和战略政策报告，它虽不是政府官方政策文件，也不是所有印度战略思想家都同意报告的结论，但由于它是印度外交与安全领域权威人士经过长时间讨论后形成的，加之报告框架的全面性、对重大问题的思辨性以及直面困难的坦诚性，在一定程度上代表了印度未来对外战略取向的可能性。

基于机遇窗口相对较小，报告首先提出了形成战略共识的紧迫性。报告开篇指出，具体政策是政府的特权，但政府的决策必须建立在公开辩论与商讨的基础上，印度迫切需要战略共识，迫切需要国际参与的统

一路径。印度正处于历史的关键时期，过去二十年印度经济社会发展为印度提供了社会繁荣与公正的机会，尽管面临巨大的挑战，但印度同时也处于有利的发展环境。印度成为繁荣国家的机会窗口还相对较小，如果印度错失有利的发展环境，将再也没有改正的机会。而且，印度的未来具有高度的路径依赖性，印度现在做出的选择将决定未来的几十年。

基于经济社会发展的现状与未来愿景，提出了新版不结盟政策的核心目标。报告指出，战略路径的核心目标是给予印度发展与外部关系时的最多选项，扩展印度的战略空间与战略能力。而不结盟的核心目标就是确保印度不以意识形态定义国家利益，确保印度拥有最大的战略自主权以追求自身的发展目标，确保印度致力于建设国家实力以建立一个更加公正和公平的全球秩序。简言之，维持战略上的自主地位是印度外交政策上的决定性价值和目标。

亚洲是印度对外战略政策的重要舞台。报告指出，印度对外战略政策的核心关切在于与亚洲国家的交往，其原因主要在于：一是亚洲经济前景与市场规模对印度的重要性；二是亚洲有可能成为新的制度创新的地区；三是领土领海争端有可能使亚洲成为战略对抗的舞台；四是亚洲有可能成为大国竞争的中心；五是亚洲有可能爆发高强度的海洋竞争；六是多样性的文化与发展模式有可能使亚洲成为意识形态竞争的场所。

中国是主要关切，美国是重要朋友，在中美之间奉行骑墙政策是新版不结盟政策报告的实质。报告指出，中国和美国将是毫无疑问的两个超级大国，但从地区的维度，将存在几个其他的力量中心。这也是报告结论形成的出发点。"中国篇"的关键词是"平衡"。报告指出，"印度的对华战略必须维持谨慎的平衡，即合作与竞争的平衡、经济利益与政治利益的平衡、双边与地区的平衡。鉴于印中两国目前和将来实力及影响力的不对称性，印度必须把握好这一平衡。这或许是未来印度战略最为重要的挑战"。报告认为美国是朋友而非盟友，尽管印度对美国具有特别吸引力，而且对美国来说印度所拥有的衍生价值往往超出其自身价值，但印度要利用这种衍生价值是有风险的，印度和美国作为朋友而不是盟国将更符合两国的各自利益。

国际环境的新变化赋予新版不结盟新思维、新挑战。冷战时期印度不结盟政策的核心是游走于美苏之间并希冀形成第三支力量，而印度新版不结盟政策的核心，实际上是不再限于避免让印度成为中国与美国冲突的前沿国家，而是要求印度在不稳定且多变的环境中拥有娴熟的纵横捭阖技巧。由于印度国家特征及其利益多样性，决定了世界上没有什么"天然的"国家集团——无论是政治的、经济的或地缘政治的——完全适合于印度。这同时也意味着，印度可以成为不同世界之间的独特桥梁，而印度也必须利用"桥接潜力"，并将其转化为积极的利益。

新版不结盟报告面临现实的挑战。印度智库先是推出新版不结盟政策报告，辛格总理随后高调出席不结盟运动德黑兰峰会，让外界对印度能否复兴不结盟运动产生极大兴趣。正如某些战略分析家所指出的，不结盟政策面临着空前的挑战。卡耐基国际和平基金会高级研究员阿什利·特利斯（Ashley J. Tellis）就认为，将不结盟主义复兴为支配一切的政策既不现实，同时甚至还可能带来危险。原因在于：在印度寻求发展并试图建立榜样力量时，它不能依赖一个理想的世界或其他国家会尊重它所做的努力；在今天这个经济相互依存、政治竞争和战略联盟不断发展且快速变化的世界中，追求战略上的自主已经不合时宜；印度缺乏物质和政治资源来制定完全独立的外交政策。特利斯甚至认为，印度的战略挑战很严重且正在恶化，而困境战略解决之道不能简单依靠以新的面目重新祭起不结盟运动这面大旗。

在不结盟运动面临巨大挑战的国际背景下，印度战略精英提出"不结盟2.0"，这在一定程度上反映了战略界对"回归不结盟"的期待。但正如报告所指出的，不结盟2.0的目的并非仅仅使印度避免成为中国与美国冲突的前线国家，而是要求印度拥有娴熟的纵横捭阖技巧，以抓住短暂的发展"机遇窗口"。

## 第三节　中国安全环境恶化，印度对外环境利好，
## 西方视域下的中印发展泾渭分明

美国再平衡战略的目标是维持美国在亚太地区的优势与霸权，但再平衡战略却给该地区国家营造了两种不同的安全环境。对中国而言，安全环境在恶化；对印度来说，对外环境利好趋势则进一步强化。

中国周边安全环境进一步恶化。美国的再平衡战略是针对中国实力上升和中国影响扩大的战略谋划，尽管包括美国国防部长帕内塔在内的美国官方极力掩饰其新战略的指向意义，但针对、限制并防范中国的意图十分明显。美国战略重心转移至亚太地区，核心目标是强化美国对亚太的影响，确立并确保美国在亚太的领导地位。美国战略调整的动机是双重的，一是分享亚洲经济高速增长的成果，二是要遏制中国经济的迅速崛起。美国视中国为一个有可能挑战其亚太甚至全球领导地位的主要潜在竞争者，对中国的疑虑和戒备增加。2010 年 2月，美国国防部《四年防务评估报告》（QDR）就指出，"中国在地区和全球经济及安全事务中日益增强的作用和影响力，是促使亚太地区乃至全球战略格局变动的最重要的影响因素之一"。2012 年以来，在中国与周边国家因岛屿与领土争端导致双边关系紧张甚至倒退的背景下，美国与日本、菲律宾、越南和印度等国的双边、三边或多边战略互动则进一步深化，带来中国安全环境进一步恶化。

与中国安全环境恶化不同，印度的对外环境利好趋势鲜明。应该说，自 2010 年以来，在后危机时代大国关系出现结构性变化的背景下，印度正在成为各大国外交的新宠。印度对外环境的利好变化一方面来源于印美关系深化的推动，另一方面来源于其他国家的意识形态视野下的对印度实力发展的"有益论"认知。2012 年 1 月 5 日美国总统奥巴马公布的《维持美国的全球领导地位：21 世纪国防的优先任务》的新国防战略就认为，美国经济和安全利益与西太平洋和东亚到印度洋地区及南亚一带的发展息息相关，中国作为地区强权的崛起

将会从各个方面影响美国的经济和安全利益，为此美国将进一步强调与现有盟友的关系并将合作网络推广至整个亚太地区，其中就包括与印度建立长期战略合作关系，支持其作为地区性经济支柱发挥作用并成为印度洋地区安全的维护者。时隔半年后的 6 月 4 日，美国国防部长帕内塔在参加第 11 届香格里拉对话会上发表《美国对亚太的再平衡》主旨演讲后首先访问印度，指出与印度的国防合作是美国实现再平衡战略的关键。2012 年 10 月 26 日，在美国进步中心（CAP）举行的"美国与印度：变化世界中的关键伙伴关系"主旨讨论中，美助理国务卿伯恩斯也指出，印度和美国在亚太地区有强大的共同利益，美国将继续寻求印度的帮助以建设一个全球性的合作架构。可以说，与中国安全环境恶化相反，美国的再平衡战略为印度提供了前所未有的机遇。美国明确欢迎印度更大范围地参与亚太与全球事务，并且宣称印度不仅是地区强国也是全球强国。

对于世界来说，印度塑造了一种充满社会文化活力的具有吸引力的全球形象，这也是印度对外环境利好的重要因素之一。正如新版不结盟政策报告所指出的，印度正面临一个"祥顺的"发展环境，印度最大的优势就在于不被视为一种威胁的力量，世界认识到需要印度的成功，而且即使是在利益受到威胁的背景下，外部通常认为印度不会做出伤害的行为。确实，与"中国威胁论"甚嚣尘上相比，世界上除几个周边邻国外基本上鲜有"印度威胁论"，相反，印度发展与影响提升的"印度有益论"甚至成为西方世界的共识。

## 第四节　印度军力建设提速，战略与防务合作纵深发展值得关注

军事力量是国家实力的体现，也是国家安全的保障。致力于军事实力建设，是近年来印度实现大国理想的重要步骤。近年来印度军购力度大幅提升清晰地说明了这一点。根据瑞典斯德哥尔摩国际和平研究所的年度报告，2007 ~2011 年，印度武器进口总额高达 126 亿美元，约占世

界同期武器进口总额的 10%。有专家预测，在 2012 ~2015 年，印度将保持军购世界第一的位置，并且整体上未来四年印度军备进口的总量至少达 382.5 亿美元。由于中印间的政治与军事互信仍处于较低水平，印度强军计划常常借口"中国威胁"，将本国的军力建设与中国"挂钩"。

在印度与美国、日本、越南甚至蒙古国双边防务合作不断深化的基础上，印度参与的三边甚至多边对话机制的形成引人注目，而尤以"美日印三边对话"最为突出。副部长级"美日印三边对话"始于 2011 年 12 月，至 2012 年 10 月已经举行三轮。美国积极推动美日印三边合作的战略目标在于借助地区国家维持美国在亚太地区的领导地位，防止新兴国家的崛起对美国的利益构成威胁。而印度则是为了借力美国与日本，应对中国实力上升的压力，拓展自身战略空间。此外，"IBSA"三边对话（印度—巴西—南非）也已经机制化，首届印度与拉美及加勒比国家共同体"三驾马车"外长会议也于 2012 年 8 月 7 日举行。印度与日本和韩国之间的学术对话也已经起步，为最终形成政府间对话机制探索道路。同时，印度与斯里兰卡和马尔代夫已经就海事安全形成了国家安全顾问级别的三边对话。2008 年 2 月，印度组织召开了有 28 个国家海军将领出席的首届"印度洋海军论坛"，该论坛每两年举行一次会议。作为论坛最大的资金提供者和支持者，印度希望能在其中发挥主导作用以及在印度洋地区扮演力量平衡者的角色。

印度与相关国家的军事演习频繁。近年来，印度一方面通过军购升级国防硬件设施，另一方面积极参与联合演练提升防务能力。仅 2012 年，印度就参与了与韩国（6 月）、日本（6 月）和美俄加澳法等 22 国（6 ~8 月）的联合演习。对于这些演习，一名印度官员曾解释说，"我们的演习让中国感到受到威胁是件好事。我们正是要发出这样的信号并让中国接收到这一信息"。印度一些安全分析家也表示，通过扩展活动区域将触角伸到南中国海，印度对中国构成了直接挑战。

然而一个不可忽视的事实是，印度不想与美国和日本形成三边对话机制过度刺激中国。2011 年 11 月 21 日，印度外秘在印度 IDSA 与英国 IISS 第四次对话中首次提出建立印美中三边对话机制，认为"印度在继续快速发展并与中美两国发展关系，它或许处在一个即使不能发起也能有效参与印中美三边对话的位置，而这一三边对话可能是亚洲稳定的一个重要因素"。而且，包括中国和印度的多边对话机制，如中印俄三国外长会晤机制和金砖国家机制，也已经成为中印沟通与合作的平台。

## 第五节　中印民间认知微妙变化，消极趋势影响双边关系不可小觑

在过去的两年时间里，中印两国民众的彼此认知发生了微妙的变化。美国皮尤中心 2012 年 9 月和 10 月发布的两份调查报告显示：接受调查的印度城市民众中只有 33% 对中国持积极看法，44% 持消极看法；28% 认为与中国关系是合作性质的，高达 40% 的人认为中国是敌意的，10% 认为中国既非合作也非敌意；对于中国经济发展，26% 的人认为对印度是"好事"，高达 53% 的人认为是"坏事"。与此同时，中国民众只有 23% 对印度持积极看法，而持消极看法的则高达 62%；有 39% 认为与印度的关系是合作的，24% 认为是敌对的，21% 认为既非合作也非敌对。但是在 2010 年，有 53% 认为与印度的关系是合作的，只有 9% 认为是敌对的，23% 认为既非合作也非敌对。对于印度的经济增长，只有 44% 的中国公众认为是"好事"，较 2010 年的 60% 下降了 16 个百分点。而 25% 的人认为是"坏事"，较 2010 年的 13% 增长了 12 个百分点。尽管皮尤调查基本上反映了近两年中印民间认知的变化趋势，但中国环球舆情调查中心在中国 7 个城市就中印关系进行的民意调查显示，3/4 的中国人认为中印有可能走出战争阴影。

媒体的作用只是中印彼此认知消极变化的催化剂，中印战略互信的缺失才是主要根源。应该说，媒体为追求轰动效应导致倾向性报道对中印民间认知的消极变化产生了一定的推动作用。印度媒体聚焦于所谓的中国军队越界入侵、中国军力的增长与威胁、与巴基斯坦的关系以及意图拆分印度等；而中国媒体则对美印结成战略伙伴制衡中国，对印度发

展与越南和日本的关系等有极大的兴趣。尽管媒体并不承担改善两国关系的责任，但它们对中印关系的影响往往是破坏性的。而基于网络平台的失实新闻，常常会歪曲中印关系，破坏性则更强，这也是两国网络民族主义不时强化的主要原因。中印民间认知的变化尤其是网络民族主义不时抬头，一方面对中印关系产生了破坏性影响；另一方面也说明，中印之间确实存在互信赤字。

中国和印度政治和战略上的互信缺失来源于三个方面：一是悬而未决的边界争端，这是两国政治互信度低的主要因素；二是对未来亚太甚至世界力量格局中两国有可能走向竞争甚至对抗的一种非理性情绪；三是发展差距导致印度的失落与焦虑。对于中印关系的现状与未来，有学者认为存在六个"令人不安的"方面。一是中国和印度曾爆发过边境冲突，而且边界问题仍悬而未决；二是亚洲缺乏有效解决未来问题的地区机制安排；三是两国资源匮乏，对石油资源的竞争已经显现；四是中国和印度将很快成为世界第一大和第三大经济体，两国之间的武装冲突必然将世界拖入萧条与倒退；五是印度影响力的进一步提升将强化两国之间的竞争；六是两国都是核武国家，尽管可以威慑并阻止武装冲突，但对两国人民来说都是潜在的灾难。

总体上看，中印官方认知还算清晰。中印民间认识出现消极变化，但官方认知都还算比较清醒，尽管这种清醒多少具有"外交语言"特点。印度国防部出台的最新年度（2011～2012年度）报告，将巴基斯坦恐怖组织和阿富汗的局势列为影响地区安全环境的两个最重要因素，并且将中国军事力量的影响列为第三个因素。报告指出，虽然尚未解决的中印边界争端始终是印度安全考量的一个因素，但印度与中国拥有一个战略性与合作性的伙伴关系，两国致力于共同利益以促进增长与发展。印度始终在互信和尊重彼此利益与关切的原则下发展与中国的关系，也对中国军事力量对周边的影响保持清醒和警惕。2012年10月20日，在纪念中印边境武装冲突50周年的活动中，印度国防部长安东尼指出，战争绝对不可能重演。印度正在与中国对话，以期化解旷日持久的边界争端。两国已经建立一种机制，能迅速消除边境地区的紧张局势。中国外交部也重申，对于历史遗留的边界问题，中方愿与印方共同努力，通过友好协商寻求公平合理、双方都能接受的解决办法，在最终解决前维护好边境地区的和平与安宁。

印度的发展，有利于中印双边关系的良性互动。对西方国家来说，中国实力上升有可能出现"中国威胁"，印度实力上升则是"世界的福音"；然而对中国而言，印度强大未必是坏事，尽管中印存在现实的领土争端。或者更确切地说，印度的发展与影响力的提升，对中国也是有益的。实力提升将给印度带来自信，而实力与自信则是战略自主的必要条件。自信的和战略自主的印度有利于摆脱外部因素对中印双边关系的影响。

印度提升军事能力建设，是大国诉求的必然选择。印度提升军力，有针对中国的因素，印度军方也往往把"中国威胁"作为其提升军力的借口，但完全以此来解释印度国防能力建设则有失客观。实际上，印度加大军事投入，提升国防能力，更多的是其大国雄心的一种必然选择。中国对此没有必要大惊小怪。印度与美国和日本形成三边对话机制，但级别有限，而且印度倡议与美国和中国形成另一三边对话，说明印度对中国既有防范，也有期待。

美国战略重心转移，推动军事部署再平衡，防范中国力度加大，中国周边安全环境有所恶化。鉴于阿富汗和巴基斯坦形势，以及中国对美国战略调整的反应，印度对美国再平衡战略持保留态度。目前及未来几年内，印度与美国，是战略伙伴，是朋友，但绝不是盟友；印度与中国，是竞争对手，是合作伙伴，但绝不是敌人。尽管美国推动再平衡战略，印度与美国、日本、越南甚至澳大利亚的双边、三边和多边战略与防务合作也不断深化，但这也为中印双边合作提供了前所未有的机遇。中国防长访问印度，主动破解与印度防务交流困局，是非常及时的，也是非常必要的。或许，印度有可能成为中国破解美国战略布防的重要突破口。

# 第三编　地区安全热点问题

# 第七章　朝鲜半岛局势演变的基本特征

朴键一 *

对于认识和把握冷战后朝鲜半岛局势演变的规律来说，2008 年以来最近 5 年的朝鲜半岛局势具有非同一般的重要意义。其原因，不仅在于这段时间为韩国李明博政府的 5 年完整任期，因而与目前的朝鲜半岛局势构成直接的因果关系，而且更在于这段时间内，冷战后朝鲜半岛局势演变的一系列基本特征表现得更为突出。为此，本章首先回顾 2008 年以来朝鲜半岛局势逆转与恶化的过程，然后概括冷战后朝鲜半岛局势演变的基本特点，最后在结束语部分简要地展望今后 2～3 年内朝鲜半岛局势演变的基本方向。

## 第一节　朝鲜半岛局势的逆转与恶化

2007 年 10 月初，朝鲜半岛发生了两起具有积极意义的事件。其一是，朝鲜半岛核问题六方会谈第六轮第二阶段会议签署《10·3 共同文件》，就落实《9·19 共同声明》第二阶段行动达成一致。① 朝鲜同意对一切现有核设施进行以废弃为目标的去功能化，完整、准确地申报其全部核计划，并重申不转移核材料、核技术或核相关知识。美国根据朝

---

＊　朴键一，中国社会科学院亚太与全球战略研究院政治与安全项目首席研究员，主要研究领域为朝鲜半岛问题、东北亚地区国际关系、中国周边外交安全环境等。

①　《9·19 共同声明》全称《第四轮六方会谈共同声明》，是朝鲜半岛核问题六方会谈于 2005 年 9 月 19 日取得的奠基性成果。详见《人民日报》2005 年 9 月 20 日。

鲜的行动，并行启动不再将朝鲜列为"支持恐怖主义国家"的程序，推动终止对朝鲜适用《敌国贸易法》的进程。日本与朝鲜迅速实现邦交正常化。朝鲜将获得经济、能源与人道主义援助。①

其二是，继 2000 年 6 月举行首次历史性会晤并签署《6·15 共同宣言》之后，② 朝鲜半岛南北双方首脑在平壤再次会面并签署《10·4 宣言》，③ 宣布双方"对结束现有停战机制、构建永久和平机制达成共识，为此将共同推进直接相关的三方或四方首脑会聚于朝鲜半岛，以宣布结束战争"。双方还宣布，为解决朝鲜半岛核问题共同努力，以顺利履行朝鲜半岛核问题六方会谈达成的《9·19 共同声明》和《2·13 共同文件》。④

这两起事件几乎同时发生，似乎使冷战后一直以朝鲜半岛核问题、朝鲜半岛南北双方关系、朝鲜与美国关系为主线的朝鲜半岛局势走上了良性循环的轨道。一方面，在朝鲜半岛核问题六方会谈这一多边框架的持续推动下，全面、公正、合理地解决朝鲜半岛核问题，同时大大改善朝鲜同美国和日本的关系有望取得实质性进展。同时，朝鲜半岛南北双方进一步和解合作，使最终正式结束 1950 年 6 月爆发的朝鲜战争，将现有的朝鲜半岛军事停战机制转变为永久和平机制的问题提上了议事日程。

但是，随着 2008 年 2 月拒绝接受《6·15 共同宣言》和《10·4 宣言》的韩国李明博政府上台，朝鲜半岛南北双方关系开始逆转，并且逐渐地波及朝鲜半岛核问题六方会谈进程，最终使朝鲜半岛局势恶化到了 1953 年 7 月朝鲜军事停战后未曾有过的程度。

---

① 《10·3 共同文件》全称《落实共同声明第二阶段行动》，参见"第六轮六方会谈第二阶段共同文件"，《人民日报》2007 年 10 月 4 日。

② 《6·15 共同宣言》全称《北南共同宣言》，〔朝〕《劳动新闻》2000 年 6 月 16 日。

③ 《10·4 宣言》全称《南北关系发展与和平繁荣宣言》，详见"《南北关系发展与和平繁荣宣言》全文"（《남북관계 발전과 평화번영을 위한 선언》전문），〔韩〕联合通讯，2007 年 10 月 4 日。

④ 《2·13 共同文件》全称《落实共同声明起步行动》，是朝鲜半岛核问题六方会谈于 2007 年 2 月 13 日取得的第一个阶段性成果。详见《人民日报》2007 年 2 月 14 日。

2008 年 3 月，上台伊始的李明博政府一改前任政府的做法，在联合国舞台上主动指责朝鲜的"人权状况"，致使朝鲜半岛南北双方关系亮起了黄灯。① 同年 7 月，一名韩国女游客在朝鲜金刚山旅游观光区擅自离队，凌晨天蒙蒙亮就闯入朝鲜的军事警戒区，被朝鲜哨兵击毙。对发生如此不幸事件，韩朝双方相互指责，韩方停止国民对金刚山的旅游观光。朝鲜半岛南北双方关系由黄灯变为红灯。

另一方面，经过朝美双方在履行各自对《10·3 共同文件》承诺方面所费的一番周折，2008 年 6 月，朝鲜方面按要求申报了其核计划，并主动炸毁核反应堆冷却塔，向核设施去功能化迈出了重要的一步。但是，随着朝鲜半岛南北双方关系走向逆转和恶化，加上美国政府以"验证"朝鲜核计划为由，拒绝如期启动不再将朝鲜列为"支恐国家"的程序，韩国李明博政府对履行《10·3 共同文件》的态度开始发生微妙的变化。

同年 9 月，朝鲜劳动党总书记金正日没有在平壤市民庆祝建国 60 周年活动中露面。于是，在李明博政府的暗示下，韩国新闻媒体大肆炒作"金正日卧病说"和朝鲜"接班人问题"，似乎朝鲜出现了走向崩溃的"突发事件"。同时，李明博政府急切地组建由各部门参与的专门班子，使之集中收集和分析有关朝鲜政治、经济、军事、社会等的重要情报，并等待接管崩溃后的朝鲜政权。同年 10 月，美国政府终于将朝鲜从"支恐国家"名单解除，但韩国政府官员不再谈论"朝鲜半岛无核化"，毫无顾忌地主张"朝鲜弃核"。

在此背景下，在同年 12 月举行的朝鲜半岛核问题六方会谈团长会议上，韩国政府改变原来的立场，向始终拒绝向朝鲜提供经济和能源援助的日本倾斜，要求将对朝鲜提供经济与能源援助与"取样"验证朝鲜申报的核计划挂钩。李明博政府的这种立场变化，给朝鲜半岛核问题

---

① "北韩在联合国人权委强烈反驳'韩国发言'"（北, 유엔인권위서'한국발언'에 강력 반발），〔韩〕联合通讯，2008 年 3 月 5 日。"对验证与援助挂钩韩日同意，其他方有意见"，〔美〕自由亚洲广播（RFA），2008 年 12 月 9 日，转引自〔韩〕联合通讯 2008 年 12 月 9 日。

六方会谈增加了巨大的难题。由此至今，朝鲜半岛核问题六方会谈各方再也未能采取共同步调，致使朝鲜半岛核问题犹如脱缰的野马，越来越难以控制。

2009年1月，随着奥巴马政府上台，美国进入了重新审视和部署朝鲜半岛政策阶段。对此，就像"维基解密"网站披露的多份美国外交文件记载的那样，韩国总统府青瓦台、外交通商部、统一部、国家情报院等强力部门的负责人，曾不止一次地向奥巴马政府兜售了"朝鲜崩溃论"。结果，奥巴马政府放弃认真履行《9·19共同声明》的初衷，转而接受了李明博政府对朝鲜的"等待战略"，只等待朝鲜政权自行崩溃。

美国在韩国影响下的所作所为令朝鲜大失所望。作为对美国的回应，2009年4月，朝鲜利用"银河－2号"三级运载火箭，发射了"光明星－2号"实验通信卫星。对此，美国推动联合国安理会发表主席声明，谴责这违背了2006年安理会对朝鲜进行首次地下核试验所作出的"1718号决议"。但朝鲜不为所动，声言退出朝鲜半岛核问题六方会谈，并在同年5月进行了第二次地下核试验。至此，奥巴马政府似乎方从韩国政府编造的"朝鲜崩溃论"梦呓中清醒过来，于2010年2月派遣朝鲜半岛政策协调员出访平壤，开始与朝鲜直接接触，准备对话。

同时，美国没有忘记安抚李明博政府。2010年3月，美国动用驻韩美军，与韩国军队一道在朝鲜半岛的陆地、空中和东西两个海域，展开了针对朝鲜的大规模战争演习。但在演习期间，韩国海军的"天安号"巡逻舰爆炸沉没，数十名韩国海军官兵葬身海底。韩国政府认定这是朝鲜海军发射鱼雷所致，朝鲜政府则坚称此事与己无关。于是，同年5月李明博政府制裁朝鲜，全面禁止了民间与朝鲜的交往，这也进一步压缩了美国与朝鲜接触对话的空间，使朝鲜半岛局势更加恶化。

同年11月，又是在针对朝鲜的韩国陆海空三军联合作战演习中，韩国和朝鲜海岸炮兵在朝鲜半岛西海岛相互炮击，造成了数名韩国军民伤亡。韩国政府认定这是朝鲜蓄意发起的挑衅，而朝鲜声言这是对韩国军队率先向己方领海炮击的回应。

"天安号"爆炸沉没和相互炮击这两起严重军事安全事件发生在同一年,这是自1953年7月朝鲜军事停战后的57年间从未有过的严重危机。但美国和日本不顾中国和俄罗斯的多次劝告,利用这两起事件迅速介入,在朝鲜半岛东西两个海域,相继进行了包括航母集群在内的美韩和美日联合军事演习。这进一步加剧了朝鲜半岛南北双方之间的紧张关系,也给中国和俄罗斯造成了安全威胁,致使中国和俄罗斯也分别以军事演习应对。

对于这场自朝鲜军事停战以来最严重的安全危机,中国政府认为朝鲜半岛局势处于"千钧一发"的危急时刻,[①]并且迅速向朝鲜半岛南北双方派遣高级特使,与美、日、俄等各方积极沟通,提议举行"六方会谈团长紧急磋商",以通过多边对话平息事态,从根本上解决问题。[②]中国政府之所以如此密切关注朝鲜半岛局势,自有对朝鲜半岛和东北亚地区的政策考虑,而美国航母集群在黄海水域耀武扬威,不禁让中国联想到近代史上的鸦片战争和甲午战争的痛苦记忆。

2011年1月在华盛顿举行的中美元首会晤,对不断恶化的朝鲜半岛局势启动了紧急制动阀,也为这一年朝鲜半岛局势发生转折性变化奠定了基础。中美两国首脑一致认为,保持朝鲜半岛和平稳定至关重要。双方强调改善朝鲜半岛南北关系的重要性,认为朝韩开展真诚和建设性对话是非常重要的一步。双方重申,有必要采取切实有效步骤实现朝鲜半岛无核化目标,全面落实六方会谈《9·19共同声明》中的其他承诺,反对所有违反六方会谈《9·19共同声明》和相关国际义务和承诺的活动。双方呼吁采取必要步骤,尽早重启六方会谈进程,解决这一问题及其他相关问题。[③]

以此为基础,中美两国政府发挥各自的优势,为缓和朝鲜半岛南

---

① 《外交部副部长称朝鲜半岛局势千钧一发》,中国中央政府门户网站(http://www.gov.cn),2010年12月19日。

② 《中方建议12月上旬在京举行六方会谈团长紧急磋商》,新华网(http://news.xinhuanet.com),2010年11月28日。

③ 《中华人民共和国与美利坚合众国联合声明》,中国中央政府门户网站(http://www.gov.cn),2011年1月21日。

北双方之间的紧张局势，推进尽快重启朝鲜半岛核问题六方会谈作了巨大的努力。同年 5 月，朝鲜劳动党总书记金正日在应邀对中国进行非正式访问时表示，朝鲜正在集中精力进行经济建设，十分需要稳定的周边环境。朝方希望缓和朝鲜半岛局势，坚持朝鲜半岛无核化的目标，主张尽快重启朝鲜半岛核问题六方会谈，对改善朝鲜半岛北南关系也一直抱有诚意。①

与此同时，美国奥巴马政府开始调整听任韩国对朝鲜"等待战略"的"战略忍耐"政策。一方面，美国政府高官频繁暗示要调整对朝鲜的"战略忍耐"政策；另一方面，美国政府许可前总统卡特率"元老"代表团访问平壤，并派遣国务院"朝鲜人权问题"特使出访平壤，以考察向朝鲜提供人道主义粮食援助的监督环境为名，率先与朝鲜方面接触。美国政府还邀请朝鲜的经济代表团、跆拳道表演团、中央通讯社代表团来访，且达成了美联社在平壤设立综合支局、朝美红十字会关于交换离散家属家信等协议，使访问美国的朝鲜人急剧增加。②

在奥巴马政府的压力下，李明博政府感到难以继续固守"只有朝鲜对'天安号'爆炸沉没和炮击事件道歉，才能考虑重启朝核问题六方会谈"的僵硬立场，于是紧急调头，暗地里推进了举行朝鲜半岛南北双方之间的第三次首脑会晤。但是，朝鲜方面认为这是使朝鲜半岛南北双方关系逆转和倒退的李明博政府欺世盗名之举，并将双方的接触适时公布于众。不过，从下半年起，极度紧张的朝鲜半岛局势还是出现了松动的迹象。朝韩首次就朝鲜半岛核问题进行了接触，朝美双方也开始进行了关于朝鲜半岛核问题的对话。经过朝韩、朝美之间的两次核问题对话后，11 月韩国政府考虑通过联合国机构主动恢复对朝提供人道主义援助。朝鲜半岛南北双方关系和解、朝鲜半岛核问题六方会谈重新启动的可能性隐约出现。

在此期间，朝鲜在恢复和发展国民经济方面继续取得令人瞩目的成

---

① 《胡锦涛同金正日举行会谈》，中央政府门户网站（http：//www. gov. cn），2011 年 5 月 27 日。

② 《北居民访问美国比去年增加 50%，民间交流活跃》，〔韩〕联合通讯，2011 年 8 月 6 日。

就，韩国国内政治选情出现了重大变化。同时，中国和俄罗斯大力推进对朝经济合作，日本也试图恢复同朝鲜的对话。朝鲜半岛局势似乎迎来新的解冻局面。但是，2011 年 12 月中旬金正日突然病逝，不仅使朝鲜半岛局势的缓和进程戛然而止，而且重新唤起了李明博政府利用朝鲜的这种"突变事态"，实现"吞并统一"的企图。

2012 年，朝鲜年轻的接班人金正恩正式出任最高领导人，在金正日领导取得经济和社会发展诸多新成就的基础上，继续推进通过利用高新科技建设"社会主义强盛国家"的进程。但是，韩国李明博政府仍不放弃"吞并统一"朝鲜的幻想，重新拾起了对朝鲜以压促变的手法。同年 4 月，朝鲜利用"银河 - 3 号"运载火箭，发射了"光明星 - 3 号"卫星。虽然这次发射归于失败，但李明博政府鼓动美国，在联合国安理会通过了谴责朝鲜的主席声明。然而，这并未能够阻止朝鲜卫星发射的步伐。同年 12 月，朝鲜再次利用"银河 - 3 号"运载火箭，成功地发射了"光明星 - 3 号 II"通信卫星。而且，朝鲜不顾联合国安理会再次通过制裁决议，在韩国李明博政府即将结束任期之前，进行了第三次地下核试验。

## 第二节 冷战结束后朝鲜半岛局势演变的基本特征

对冷战结束后 20 年朝鲜半岛局势的跟踪研究表明，朝鲜半岛局势演变实际上是由六大类构成的所谓"朝鲜半岛问题"演进的综合性表现。从宏观上看，冷战结束后朝鲜半岛局势演变表现出一定的周期性和连锁性特征。从微观上看，这些表现归因于冷战后朝鲜半岛问题的结构性特点。

### 一 冷战结束后朝鲜半岛问题的界定、分类和结构性特点

#### 1. 冷战结束后朝鲜半岛问题的界定

朝鲜半岛问题产生和演化的历史悠久。但迄今为止，国内外学术界尚未把朝鲜半岛问题作为一个专门的研究对象，进行系统的学理性研究。因而，国内外学术界还没有形成有关朝鲜半岛问题的明确定义。

概括地说，所谓朝鲜半岛问题（Korean Peninsula Issue），是指产生于朝鲜半岛，并与周边大国和国际社会利益攸关的问题。这一界定首先具有两个方面的含义。其一是，朝鲜半岛问题不限于产生于朝鲜半岛北方的所谓朝鲜问题，也不止于发生在朝鲜半岛南方的所谓韩国问题。其二是，那些虽产生于朝鲜半岛，但与周边大国和国际社会利益不大相干的问题不属于朝鲜半岛问题。

在此意义上，朝鲜半岛问题可以英文称作"Korean Issue"，也可以俄文称作"Корейская Проблема"。因为"Korean"也好，"Корейская"也罢，皆来源于曾存在于公元918～1392年的统一朝鲜半岛国家"高丽"一词。但在韩国，出于对朝鲜政治关系上的原因，朝鲜半岛问题称为"韩半岛问题"。在中国，朝鲜半岛问题曾名为"朝鲜问题"或"韩国问题"，但随着冷战结束及朝鲜和韩国双双加入联合国，朝鲜半岛问题这一称谓取而代之。因此，所谓朝鲜半岛问题在很大程度上具有中国语义的特点。

另外，朝鲜半岛问题随着17世纪中叶近代东北亚国际关系体系开始形成而孕育，[①] 并随着历史的发展而阶段性地形成和演变。因此，朝鲜半岛问题还具有历史性含义。从17世纪中叶俄罗斯成为太平洋沿岸国家开始，经过1860年11月中俄签订《北京条约》、1875年9月日本制造"江华岛事件"、1905年11月日韩签订《乙巳条约》、1945年8月朝鲜半岛从日本殖民统治下获得解放、1950年6月至1953年7月的朝鲜战争、20世纪80年代末90年代初东西方冷战结束等重大的历史转折点，各历史阶段的朝鲜半岛问题显示出了互不相同的核心内容和表现形式。

本章关注的冷战结束后朝鲜半岛问题，是指在冷战结束后的世界走势下，围绕着结束朝鲜半岛南北分裂，实现双方的民族与国家统一而产生，并且牵动周边大国和国际社会利益的一系列问题。这一界定不仅包

---

① 关于近代东北亚国际关系的形成时期，参见崔丕《近代东北亚国际关系史研究》，东北师范大学出版社，1992年5月，第8－11页。

括了前述朝鲜半岛问题的一般性含义，而且指出了冷战结束后朝鲜半岛问题的核心内涵。从哲学方法论上，这一界定强调在唯物辩证法的指导下，用矛盾论的观点和方法看待冷战后的朝鲜半岛问题，不赞同国内外一些人有意或无意地将朝鲜半岛问题机械地归结为所谓的朝鲜问题。

**2. 冷战结束后朝鲜半岛问题的分类**

随着冷战结束，东西方之间的阵营利益和对抗消失，自朝鲜半岛南北双方分裂以来积蓄的各种问题，围绕着适应冷战结束后的世界走势，结束朝鲜半岛南北分裂状态、实现双方的民族和国家统一这一根本问题，接二连三地出现。这就使冷战结束后朝鲜半岛问题具有了不同于以往历史阶段的许多新内容和表现形式。① 研究表明，这些层出不穷、影响朝鲜半岛局势演变的各种具体的朝鲜半岛问题，都可以归结为以下六大类。

第一大类，是有关朝鲜半岛南北双方之间关系的问题。此类问题的核心是朝韩民族和国家统一问题。1948 年 8 月和 9 月韩朝两个政权成立以来，双方都拒绝承认对方为合法的主权独立国家，而将对方视为统一的对象。因而，朝鲜半岛南北双方之间的关系首先是同一民族内部的关系。这就决定了旅居朝鲜半岛之外各国的 700 多万朝韩民族，也是影响朝鲜半岛南北双方关系的重要变数。实际上，自朝鲜半岛南北分裂以来，在朝鲜半岛南北两个政权的介入下，旅居日本、俄罗斯和中亚等原苏联国家和美国、德国等国家的朝韩民族，就已经分裂为各自支持韩国和朝鲜的两个对立派别。②

另外，随着冷战结束，朝鲜半岛南北双方都加入联合国，南北双方的合法地位得到了世界大多数国家的承认。因而，对于联合国的其他成员国来说，朝鲜半岛南北双方之间的关系又是两个合法独立主权国家之间的关系，双方之间的行为具有国际性意义。然而，从冷战后朝鲜半岛南北双方都没有认真履行各自对于对方的许多庄重承诺表明，占据朝鲜

---

① 同冷战时期相比，冷战结束后朝鲜半岛问题所涉及的国际关系更为集中，矛盾也更为复杂。

② 在中国共产党的民族政策下，总人数接近 200 万的中国朝鲜族与此情况不同，没有分裂为分别支持韩国和朝鲜的南北两派。

半岛南北双方之间关系首位的是同一民族内部的关系，然后才是两个独立主权国家之间的关系。

因此，仅仅站在既有的、以欧美国家为主导的国际关系学视角，试图套用经典的"民族国家"概念，是无法全面地把握朝鲜半岛南北双方之间关系的。这也是本章没有将"冷战结束后朝鲜半岛问题"纳入国际关系范畴，从而用既成国际关系理论加以分析的主要原因。朝鲜半岛南北双方之间关系的这种特殊性，决定了周边大国和国际社会认识和应对朝鲜半岛南北双方之间关系演变的复杂性和艰巨性。

在同一民族内部关系的意义上，朝鲜半岛南北两个政权之间的关系决定着双方地方政府、民间团体，以及个人等其他所有关系的走向。而这两个势不两立的政权，代表着各自不同的阶级利益和意识形态。因此，朝鲜半岛南北双方之间的民族内部关系，实际上是两个不同阶级和意识形态之间的关系。在朝鲜半岛南北两个不同社会政治制度下，无论是刻意强调还是故意抹杀，双方之间的阶级和意识形态矛盾不仅客观存在，而且还是双方所有矛盾中的最主要矛盾。因此，如何在追求民族共同利益的同时，处理好阶级和意识形态矛盾，一直是冷战结束后朝鲜半岛南北双方都无法回避的关键问题。而其中的主要环节在于，如何看待外部势力尤其是美国对朝鲜半岛南北双方民族内部关系的介入。

第二大类，是有关朝鲜半岛南北双方内政和整个外交走向的问题。在朝鲜半岛南北分裂之下，朝鲜和韩国的内政和整个外交走向，是周边大国和国际社会观察朝鲜半岛南北双方关系演变的重要风向标。对于周边大国和国际社会来讲，如何判断朝韩双方的内政和整个外交走向，相当大的程度上取决于它们同朝鲜和韩国接触与交往的程度。更为重要的是，朝鲜半岛南北双方对于对方内政和整个外交走向的判断，决定着各自对于对方的政策取向和双方之间的关系形态。问题在于，无论朝鲜半岛南北双方各自的内政和整个外交走向的实际情况如何，双方对于对方的政策取向和关系形态首先取决于各自对于对方的主观判断。

因此，在朝鲜半岛南北双方关系趋向和解合作、增进相互来往和交流时，双方对于对方内政和整个外交的如实把握程度随之提高。反之，在朝鲜半岛南北双方关系趋向反目成仇、断绝相互接触和对话时，双方对于对方内政和整个外交走向的把握就会出现偏差，甚至会偏离到所制定和执行的政策严重脱离实际。由此可见，第二大类"有关朝鲜半岛南北双方内政和整个外交走向的问题"，同上述第一大类"有关朝鲜半岛南北双方之间关系的问题"，以及下述第三大类问题具有非常密切的因果关系。

第三大类，是有关周边大国与朝鲜半岛关系的问题。从地缘上看，与朝鲜半岛具有共同的陆地或海上边界的周边大国有中国、日本和俄罗斯三个国家。但从地缘政治角度看，在韩国和日本驻扎有大批常备军队，并在地缘上于北马里亚纳群岛与日本的南方诸岛、在阿留申群岛和白令海峡与俄罗斯具有共同海上边界的美国，也是除中国、日本、俄罗斯、蒙古国以外距离朝鲜半岛最近的周边大国。而且，中国、美国、日本、俄罗斯都是对当今世界政治、经济、军事具有举足轻重影响的大国，因而其中任何一个周边大国与朝鲜半岛关系的走向，都会影响到其他周边大国与朝鲜半岛的关系。

从思维逻辑上讲，每一个周边大国与朝鲜半岛的关系都可以有三种构成，即该周边大国同朝鲜、韩国，以及整个朝鲜半岛的关系。然而，与中国和俄罗斯不同，美国和日本还没有与朝鲜半岛南北双方都建立正式的外交关系，而且美国同韩国、日本长期保持着军事同盟关系，因而这些周边大国与朝鲜半岛的关系是不对称的。这就使得上述第一大类"有关朝鲜半岛南北双方之间关系的问题"、第二大类"有关朝鲜半岛南北双方内政和整个外交走向的问题"，变得更为错综复杂。

第四大类，是有关周边大国围绕朝鲜半岛相互竞争与合作关系的问题。这一大类问题与上述第三大类"有关周边大国与朝鲜半岛关系的问题"密切相关。冷战结束后，以往周边大国在朝鲜半岛的阵营对抗，代之以各自围绕朝鲜半岛进行竞争与合作。以1993年5月首度爆发、2002年10月再度升温并持续至今的朝鲜半岛核问题为主线，这一大类问题变得越来越错综复杂。无论是"朝鲜半岛能源开发组织"（KE-DO）、"朝鲜半岛问题四方会谈"，还是"朝鲜半岛核问题六方会谈"，都堪称这一极其复杂问题的集中表现。

如上所述，中国、美国、日本、俄罗斯等朝鲜半岛周边大国，都是对当今世界政治、经济、军事具有举足轻重影响的大国，加上美国和日本互为军事同盟国，这些国家之间围绕朝鲜半岛的相互竞争与合作，不仅对朝鲜半岛与东北亚地区的和平与稳定具有决定性意义，而且也具有影响世界形势走向的全球性意义。问题在于，这些周边大国在朝鲜半岛追求的利益，无论是从长远战略还是从近期战术上看，都显得不尽一致。这种情况与第一大类"有关朝鲜半岛南北双方之间关系的问题"叠加在一起，使得朝鲜半岛局势的演变方向显得更加扑朔迷离。

第五大类，是有关各种政府间国际组织和非政府组织与朝鲜半岛关系的问题。在各种政府间国际组织中，联合国及其安全理事会等机构最具有代表性。从联合国安理会成员国的构成来看，安理会与朝鲜半岛关系的问题可谓上述第三大类"有关周边大国与朝鲜半岛关系的问题"、第四大类"有关周边大国围绕朝鲜半岛相互竞争与合作关系的问题"之延续。但前者作为世界上最具权威的政府间国际组织与朝鲜半岛的关系，与后两者代表的"大国磋商"方式具有相当大的区别。

冷战后，安理会时常成为讨论和决定朝鲜半岛问题的场所。这似乎反映了朝鲜半岛问题对世界安全形势具有重大影响。但实际上，这是某些周边大国利用在朝鲜半岛问题上至今缺乏稳定、有效的地区多边安全机制的现实条件，刻意将朝鲜半岛问题提交到安理会，试图推卸自己对朝鲜半岛问题不可推脱的历史和现实责任，借用安理会其他成员国的力量操纵和控制朝鲜半岛局势演变的方向。

历史上，在1945~1948年朝鲜半岛南北分裂的过程中，成立不久的联合国在美国操纵下扮演了很不光彩的角色。更有甚者，在安理会的首肯下，以美国为首的"联合国军"武装干涉了1950年6月爆发的朝鲜战争，并最终成为1953年7月签订朝鲜战争军事停战协定的一方。而且，"联合国军"至今仍驻扎在朝鲜半岛南方，成为影响朝鲜半岛局势演变方向的一个直接而重要的行为者。

值得注意的是，朝鲜战争爆发至今，联合国安理会就朝鲜半岛局势通过了 15 个决议，① 发表了 9 次主席声明和 5 次主席新闻谈话。② 其中，除了朝鲜战争期间通过的 6 次决议之外，其他全部是在冷战结束至今的 20 多年内。这说明，冷战结束以来，朝鲜半岛局势演变的确越来越具有世界性影响。但另一方面，"联合国军"介入朝鲜战争并成为朝鲜战争军事停战协定签字一方的结果，使得联合国安理会在目前朝鲜半岛局势日趋复杂的情况下，越来越难以理直气壮地承担起维护朝鲜半岛和平与稳定的应有责任。

另外，随着冷战结束，越来越多的宗教、慈善、人权等非政府组织（NGO）介入朝鲜半岛问题，成为不可忽视的影响朝鲜半岛局势的行为者。这些非政府组织的行为或有助于朝鲜半岛局势的良性发展，或有损于朝鲜半岛的和平稳定，而且与相关国家政府形成非常复杂的关系。尤其是，韩国各种非政府组织与得到某些周边大国政府资助的国际性非政府组织的连带性活动，同上述第一大类"有关朝鲜半岛南北双方之间关系的问题"叠加在一起，使得非政府组织与朝鲜半岛之间的关系变得异常复杂。

第六大类，是有关各国尤其是周边大国新闻媒体与朝鲜半岛的关系问题。冷战后，新闻媒体对各种国际问题的影响越来越大，对于朝鲜半岛问题尤为如此。新闻媒体与朝鲜半岛的关系问题贯穿于前述所有五大类问题中，因而在朝鲜半岛问题的分类中，也可以不将新闻媒体与朝鲜半岛的关系问题单独分类。但是，在冷战后朝鲜半岛局势的演变过程中，新闻媒体早已不安分于对事实进行客观报道，而是自觉或不自觉地

---

① 联合国安理会就朝鲜半岛局势通过的 15 次决议分别是 1950 年 6 月 25 日第 82 号、1950 年 6 月 27 日第 83 号、1950 年 7 月 7 日第 84 号、1950 年 7 月 31 日第 85 号、1950 年 11 月 8 日第 88 号、1951 年 1 月 31 日第 90 号、1991 年 8 月 6 日第 702 号、1993 年 5 月 11 日第 825 号、2006 年 7 月 16 日第 1695 号、2006 年 10 月 14 日第 1718 号、2009 年 6 月 11 日第 1874 号、2010 年 6 月 7 日第 1928 号、2011 年 6 月 10 日第 1985 号、2012 年 6 月 12 日第 2050 号、2013 年 1 月 22 日第 2087 号。

② 联合国安理会就朝鲜半岛局势于 1991 年 8 月 8 日，1994 年 3 月 31 日、5 月 30 日、11 月 4 日，1996 年 10 月 15 日，2006 年 10 月 6 日，2009 年 4 月 13 日，2010 年 7 月 9 日，2012 年 4 月 16 日发表主席声明；于 1993 年 4 月 8 日、1996 年 4 月 11 日和 9 月 20 日、1998 年 9 月 14 日、2013 年 2 月 12 日发表主席新闻谈话。

介入，其至被敌对国家之间愈演愈烈的宣传战和心理战所利用，成为冷战后朝鲜半岛问题的一个重要组成部分。

特别是，冷战结束以来，随着朝鲜半岛南北双方之间的经济实力差距拉大，韩国新闻媒体在报道的内容、手段和方式等诸多方面远远超过了朝鲜。因而，在朝鲜半岛局势的阴晴变化中，朝鲜新闻媒体的作用往往显得过小，而韩国新闻媒体占据了对朝鲜内政和外交，以及朝鲜半岛南北双方关系问题报道的话语权。研究结果表明，目前世界各国尤其是周边大国新闻媒体对朝鲜内政和外交，以及朝鲜半岛南北双方关系问题的报道，至少有70%～80%是不经辨别真伪直接翻译自韩国新闻媒体的报道。

但是，由于所有韩国新闻媒体至今都没有在朝鲜设立常驻记者站，更由于朝鲜半岛南北双方关系的对立性质，大部分韩国新闻媒体对朝鲜内政和外交，以及对朝鲜半岛南北双方关系的报道不同程度的失实。有些影响力很大的韩国新闻媒体对朝鲜内政和外交的报道，无一例外地充斥着任意猜测、歪曲，甚至是臆造。结果，其他国家新闻媒体对这种报道的转述，严重地影响了各国尤其是周边大国公众正确地了解朝鲜半岛局势演变的真相，并通过公众舆论制约着周边大国对朝鲜半岛的政策实施。

### 3. 冷战结束后朝鲜半岛问题的结构性特点

冷战结束后朝鲜半岛局势演变的过程表明，由上述六大类构成的朝鲜半岛问题具有一定的结构性特点。从系统科学的角度看，朝鲜半岛南北双方，以及中国、美国、日本、俄罗斯等周边大国各自作为构成要素，整体上构成一个以朝鲜半岛为舞台的地区性国际关系系统。这一系统构成要素之间的联系，即表现为前述动态性的六大类朝鲜半岛问题。这六大类问题相互作用的系统功能和效应，就是冷战后朝鲜半岛局势的演变。而这里所说的冷战后朝鲜半岛问题的结构性特点，便是六大类冷战结束后朝鲜半岛问题之间的相互关系。

第一大类"有关朝鲜半岛南北双方之间关系的问题"，是整个朝鲜半岛问题的核心部分。很明显，假如随着冷战结束，朝鲜半岛南北双方结束敌对和分裂，实现了民族和国家的统一，那么就不会有过去 20 年那种朝鲜半岛局势演变。正是因为依然存在以民族和国家统一为核心的朝鲜半岛南北双方之间的关系，才使得其余五大类朝鲜半岛问题具有了自身存在的依据。事实表明，朝鲜半岛南北双方之间关系的变化，无论是走向和解合作还是趋向反目对抗，都是整个朝鲜半岛局势演变的最初和最主要的推动力。因此，第一大类"有关朝鲜半岛南北双方之间关系的问题"，具有决定整个朝鲜半岛局势演变方向的全局性意义。

第二大类"有关朝鲜半岛南北双方内政和整个外交走向的问题"，对于把握第一大类问题具有重要的认识论意义。从朝鲜半岛南北双方的角度看，如前所述，朝韩之间关系的走向取决于双方对于对方的政策。而这些政策的制定和实施，则立足于双方对于对方内政和整体外交走向的认识。但从周边大国的角度看，能否如实地弄清朝鲜半岛南北双方内政和整个外交走向，决定着能否确切地把握朝鲜半岛南北双方关系的走势，并有效地处理同朝鲜半岛的关系，就朝鲜半岛问题同其他周边大国展开竞争与合作。也就是说，对于朝鲜半岛南北双方来说，第二大类问题主要是与第一大类问题形成因果关系。但对于周边大国来讲，第二大类问题是联系第三、第四、第五大类问题的重要环节。因此，第二大类问题对周边大国的意义，恐怕比对朝鲜半岛南北双方本身还要大。

与第一大类和第二大类问题比较，第三大类"有关周边大国与朝鲜半岛关系的问题"显得更为复杂。如前所述，中国、美国、日本、俄罗斯等周边大国同朝鲜半岛的关系并非对称，但任何一个周边大国在处理同朝鲜半岛南北之一方的关系时，都不同程度地要考虑同朝鲜半岛南北之另一方的关系。而且，尽管程度有别，但任何一个周边大国对朝鲜半岛南北之一方或双方采取重要政策措施时，都会影响到朝鲜半岛南北双方之间的关系。

更为重要的是，在周边大国与朝鲜半岛的关系中，美国一直占据着主导性地位。美国不仅在 1945～1948 年导演了朝鲜半岛南北双方的分裂，而且纠集"联合国军"武装干涉了 1950 年 6 月爆发的朝鲜战争，并成为 1953 年 7 月签订朝鲜战争军事停战协定的实际一方。1953 年 10

月，美国与韩国结成针对朝鲜的军事同盟，将包括核武器在内的大批最现代化武器和常备军队集结在朝鲜半岛南方，每年定期地同韩国军队举行数次针对朝鲜的战争演习，还不遗余力地敦促韩国与日本结成军事同盟。

美国同朝鲜半岛的这种关系，不仅影响其他周边大国同朝鲜半岛的关系，而且也更严重地影响着朝鲜半岛南北双方之间的关系。因此，与本章的主张不同，包括朝鲜政府在内，国际上有不少专家和学者不是将第一大类"有关朝鲜半岛南北双方之间关系的问题"，而是将"美国与朝鲜半岛关系问题"看作是冷战后朝鲜半岛问题的核心部分。①

第四大类"有关周边大国围绕朝鲜半岛相互竞争与合作关系的问题"，是第三大类问题的升级和归宿，也反映了冷战后朝鲜半岛的地缘政治现实。一方面，冷战结束以来朝鲜半岛南北双方之间的力量对比不断发生变化，持续牵动着周边大国在朝鲜半岛的地缘政治利益。另一方面，冷战结束以来周边大国之间的力量对比也逐渐发生变化，使朝鲜半岛问题更加成为周边大国处理相互关系的地区性切入点。然而，周边大国围绕朝鲜半岛相互竞争与合作，给朝鲜半岛南北双方之间关系的变化、朝韩双方各自的内政与整个外交走向，以及周边大国处理同朝鲜半岛的关系，既提供了一定的空间，也附加上了某种限制性的条件。

第五大类"有关各种政府间国际组织和非政府组织与朝鲜半岛关系的问题"，对朝鲜半岛南北双方之间关系的走向、朝韩双方各自的内政和整个外交、周边大国与朝鲜半岛的关系变化，以及周边大国围绕朝鲜半岛的竞争与合作，都产生了不同程度的影响。在朝鲜半岛南北双方分裂对峙、美国同韩国与日本结成军事同盟、美国与日本尚未与朝鲜建立正式外交关系的情况下，这种效应表现为正负两个方面，但总体上负面效应更多一些。

尤其是，在联合国舞台上，联合国大会和有关发展、人道主义的组

① 与如此看法相反，1998～2007年朝鲜半岛南北双方之间关系发展的事实表明，只要朝韩双方在"自主、和平统一、民族大团结"的统一原则下，以民族利益为重，坚持走和解合作、自主和平统一的道路，那么美国与朝鲜半岛的关系也只能退居次要地位。

织机构，如联合国开发计划署（UNDP）、世界卫生组织（WHO）、世界粮食计划署（WFP）、联合国粮农组织（FAO）、联合国儿童基金（UNICEF）、世界卫生组织（WHO）等在朝鲜半岛的活动，通常产生比较积极的效应。但有关和平与安全、人权等组织机构，如联合国安理会、联合国难民事务高级专员办事处（UNHCR）、联合国人权理事会、国际原子能机构（IAEA）等对朝鲜半岛的举动，常常产生事与愿违的负面结果。如前所述，历史上联合国安理会在朝鲜半岛的所作所为及延续至今的结果，使之在维护朝鲜半岛和平与稳定方面难以发挥应有的作用。

从系统科学的角度看，在以朝鲜半岛为舞台的地区性国际关系系统中，上述五大类问题即为构成这一系统的朝鲜半岛南北双方，以及中国、美国、日本、俄罗斯等诸要素之间的相互联系，而第六大类"有关各国尤其是周边大国新闻媒体与朝鲜半岛的关系问题"，是这些联系赖以存在的信息交换中出现的"噪声"。但问题在于，在这种"噪声"中，不仅有由信息传输本身原因而生的不可避免的"噪声"，而且还有信息源故意输入以混淆视听的人为"噪声"。

## 二　冷战结束后朝鲜半岛局势演变的基本特点

### 1. 朝鲜半岛局势的周期性演变

冷战结束20多年来，朝鲜半岛局势总体上在紧张与缓和两个相反方向上不断地来回摆动，明显地表现出一种比较复杂的周期性演变特点。研究表明，这种周期性演变主要起因于朝鲜半岛南北双方，以及周边大国政府任期所决定的国内政治周期。

朝鲜最高人民会议以5年为周期换届，并组成与此任期相同的政府内阁。但是，无论党、国家和军队的最高领导人如何更迭，朝鲜始终遵循着冷战趋于结束时既定的"自主、和平统一、民族大团结"的统一原则、"自主、和平、友谊"的外交理念，以及"全民武装化、全国要塞化"的自卫国防政策，保持稳定的对外政策基调，没有表现出明显的波动现象。

与朝鲜相比，冷战结束后民选韩国总统及其政府也以5年为周期更选，不得连任。韩国历届政府都标榜要以"自由民主主义"方式实现统一，并以韩美军事同盟关系为基础制定和推行外交和国防政策。但事实表明，冷战后历届韩国政府无不首先从对朝鲜关系出发，制定和实施统一、外交和国防政策，而且冷战后历届韩国政府对朝鲜政策不尽一致。这样，冷战后韩国政府对朝鲜的政策以 5 年为周期发生显著变化，并且通常在 2.5 年的前后半届任期时间拐点上进行调整。

美国总统及其政府的任期则每届为 4 年，可竞选连任一届。冷战后，美国总统多数都成功地竞选连任。美国总统在很大程度上决定着政府对朝鲜半岛的政策方向，但冷战后历届美国政府对朝鲜半岛的政策，都以强化与韩国的军事同盟关系为出发点，照顾韩国的政策立场，根据朝鲜半岛南北双方关系的变化，以 4 年为周期进行重要的调整。

中国的全国人民代表大会和国务院以 5 年为周期轮替。冷战结束后，历届中国政府坚持"实现中华民族伟大复兴"的既定战略目标，坚持走中国特色社会主义道路，在"睦邻、安邻、善邻、富邻"的对周边政策框架下，始终坚持维护对朝鲜半岛和平与稳定的基本政策。

冷战结束后，俄罗斯总统及其政府任期为 4 年，不得两次连任。① 21 世纪以来，俄罗斯政府改变过去那种亲近韩国、疏远朝鲜的政策，恢复和发展同朝鲜的"传统友好关系"，保持了对朝鲜半岛政策的基本稳定。

与朝鲜半岛南北双方和美国、中国、俄罗斯等国家类似，日本产生首相及其政府的国会众议院每届任期 4 年。然而，自冷战结束以来，日本首相及其政府的实际任期一直飘忽不定，长者 5 年以上，短者不足 1 年。这就使得日本在尚未与朝鲜半岛南北双方都保持着正常外交关系，同时又与美国结成军事同盟的情况下，其国内政治周期难以对朝鲜半岛局势的周期性演变产生影响，反而使得日本对朝鲜半岛的政策更多地受到朝鲜半岛南北双方关系演变、美国对朝鲜半岛政策变化的影响。

结果，以韩国和美国的国内政治周期为主要的影响因素，这些国家的政治周期在朝鲜半岛问题上叠加，形成以 2.5 年为小周期、5 年为中

---

① 2008 年 12 月，俄罗斯总统梅德韦杰夫签署法令，将总统任期由 4 年延长为 6 年。

周期、10 年为大周期、20 年为长周期的朝鲜半岛局势的周期性演变机制。更重要的是，这个结论同时意味着，无论韩国、美国、日本等国家的政府和媒体如何渲染朝鲜的"挑衅"，但实际上真正使朝鲜半岛局势周期性震荡的主要推手来自韩国和美国。

　　既然朝鲜半岛局势表现出如此周期的性的演变特征，那么更具意义的现象是，朝鲜半岛局势往往在上述周期的拐点时段发生显著变化，有时则是在这些周期进入拐点之前 1～2 年内就开始波动，直至通过拐点后的 1～2 年内也难以稳定下来，尤其是在这些周期的拐点彼此交会于同一个年度之时。

　　2012 年，便是上述各周期拐点相互交会的一年，也是冷战后朝鲜半岛局势演变完成 20 年大周期之年。这一年，朝鲜半岛南北双方，以及美国、中国、俄罗斯、日本等周边大国都选举出了新的最高领导人。以此为契机，朝鲜半岛局势在 2010 年开始出现明显波动，发生了"天安舰"爆炸沉没、朝韩海岸炮兵互相对射的严重安全事件。2011 年，在中国和美国的积极互动下，朝鲜半岛局势似乎出现了柳暗花明的转折性局面，但同年 12 月朝鲜最高领导人金正日突然病逝，又将朝鲜半岛局势重新推向了扑朔迷离的局面。2012 年，作为宣布"打开社会主义强盛国家之门"的象征性举措，朝鲜继 4 月发射"光明星 3 号－1"卫星失败后，于 12 月再次发射"光明星 3 号－2"卫星取得成功。而且，朝鲜强烈回应联合国安理会所作的"2087 号决议"，于 2013 年 2 月进行了第三次地下核试验。联合国安理会通过"2094 号决议"后，朝鲜拒不接受，并针对美韩进行的大规模军事演习，宣布退出《朝鲜军事停战条约》，废除《北南基本协议》和《关于朝鲜半岛无核化的共同宣言》。[①]

　　需要指出的是，21 世纪以来，朝鲜半岛局势在缓和与紧张两个方

---

① 1991 年 12 月 12 日由朝鲜半岛北南双方签署的《北南基本协议》，全称《关于北南和解和互不侵犯以及合作、交流的协议》，全文参见《人民日报》1991 年 12 月 13 日。《关于朝鲜半岛无核化的共同宣言》于 1992 年 1 月 20 日由朝鲜半岛北南双方签署，全文参见《人民日报》1992 年 1 月 21 日。

向上来回摆动的幅度在增大。无论是走向缓和还是趋于紧张，一旦进程开始启动，便会走得比较远，直至出现某种极端情形，从而对朝鲜半岛南北双方和周边大国都带来比较大的冲击和影响。更值得注意的是，无论走向缓和还是趋于紧张，局势演变的最终结果都有可能殊途同归，即结束朝鲜半岛不战不和的停战状态，建立长治久安的永久和平机制。这是 21 世纪朝鲜半岛局势演变的一个新特点，需要有关各方给予充分的注意，绝不可等闲视之。这是因为，21 世纪以来，世界政治、经济、军事格局的持续而重大的变动，以及周边大国之间相互关系的不断调整，给朝鲜半岛南北双方调整相互关系，带来了更多的行动机会和更大的行为空间。

**2. 朝鲜半岛局势的连锁性演变**

冷战结束后朝鲜半岛局势的连锁性演变，主要表现在朝鲜半岛南北双方与周边大国各方之间相互关系的连锁性变化方面。值得注意的是，在上述朝鲜半岛局势演变的某一周期内，这种连锁性变化都起始于朝鲜半岛南北双方关系的变化。

冷战结束后 20 多年的历史表明，一般地，当朝鲜半岛南北双方之间和解合作、自主和平统一的进程向前迈进时，中国、俄罗斯分别与朝鲜、韩国的关系随之大踏步发展；日本主动与朝鲜改善关系，但同朝鲜半岛南北双方之间重现历史纠葛和领土纷争；美国与韩国渐生龃龉，而与朝鲜的接触和对话增多。结果，最终导致在美国和朝鲜之间出现核问题、导弹问题等影响整个东北亚地区，甚至全世界安全的重大问题。这就促使在中国、美国、日本、俄罗斯等周边大国之间围绕朝鲜半岛的接触和对话增多。

当朝鲜半岛南北双方之间反目成仇、剑拔弩张时，中国、俄罗斯与朝鲜的关系趋于密切，而与韩国的关系变得微妙复杂；日本与韩国的共同利益似乎增多，而与朝鲜顿显敌意；美国与韩国来往密切，而与朝鲜矛盾重现；中国、美国、日本、俄罗斯等周边大国之间围绕朝鲜半岛的猜忌和竞争随之突出。结果，朝鲜半岛南北双方之间关系的不断恶化最终带来严重的朝鲜半岛危机，促使中国、美国、日本、俄罗斯等周边大国之间围绕朝鲜半岛的猜忌和竞争变为协调与合作，为朝鲜半岛南北双方再次和解合作、走向自主和平统一提供新的有利外部环境。

这两种连锁性变化，即构成朝鲜半岛局势演变的一个完整周期。需要指出的是，当朝鲜半岛南北双方之间的关系处于不好也不坏的状态时，中国、美国、日本、俄罗斯等周边大国与朝鲜半岛的关系，表面上显得比较平静，但实际上都在为应对即将到来的朝鲜半岛南北双方关系的突变进行紧张的准备。事实上，如前所述，由于朝鲜半岛南北双方之间的关系首先是同一民族内部的关系，而这种同一民族的内部关系归根到底是一种代表不同阶级的两个政权之间的关系，加上韩国国内进步和保守两大势力严重对立、韩国政府的任期只有 5 年，所以朝鲜半岛南北之间关系处于不好也不坏的时间相当短暂，至多不过 2～3 个月。

## 第三节　朝鲜半岛局势演变的基本方向

本章前两个部分回溯了 2008 年以来最近 5 年朝鲜半岛局势的演变过程，归纳总结了冷战结束后朝鲜半岛局势演变的基本特点。以此为基础，这里作为结束语，再简要地展望今后 2～3 年朝鲜半岛局势演变的基本方向。

在 2012～2013 年不足一年的时间内，朝鲜半岛南北双方和中国、美国、日本、俄罗斯等周边大国都先后完成了最高领导人和政府的更替。这样，从 2013 年起，朝鲜半岛局势进入了一个新的演变周期。目前，针对朝鲜进行第三次地下核试验，联合国安理会通过了制裁朝鲜的"2094 号决议"，朝鲜又对此给予退出《朝鲜停战协定》、废除《北南基本协议》等强烈反应，国内外学术界和新闻媒体议论纷纷，有些人似乎觉得朝鲜半岛局势从此发生了根本性的变化。

毋庸置疑，目前的局面确使原本就不易的朝鲜半岛无核化进程变得更加困难重重。但不可否认的是，冷战结束后朝鲜半岛问题的核心内容并没有因此而发生根本的变化，冷战结束后由朝鲜半岛南北双方和中国、美国、日本、俄罗斯等周边大国构成的朝鲜半岛国际关系系统的要素、结构及功能也没有出现根本性的变化，冷战后中国、美国、日本、俄罗斯等周边大国在朝鲜半岛追求的战略目标同样也没有发生根本性的变化，因而前述冷战后朝鲜半岛局势演变的周期性和连锁性特点依然存在。

如果说发生了什么变化，那就是朝鲜进行第三次地下核试验，触发了韩国国内也主张要拥有核武器，或者重新引进美国战术核武器的议论。日本国内极右翼势力也密切关注朝鲜半岛核问题的演变，企图抓住难得的机遇走上核武装之路。这就使得冷战后朝鲜半岛局势周期性震荡的幅度进一步加大，朝鲜半岛局势连锁性变化的速度进一步加快，朝鲜半岛核问题蔓延为整个东北亚地区核问题的危险性进一步加大，因而使得从根本上全面解决冷战后朝鲜半岛问题变得更为紧迫。同时，朝鲜半岛南北双方和周边大国都相继完成最高领导人的更迭，这就为重新构思和确定行动路线，重新启动朝鲜半岛核问题六方会谈，按照《9·19共同声明》的宗旨，更加全面、公正、合理地解决朝鲜半岛核问题提供了新的现实可能性。

目前，朝鲜方面采取了异乎寻常的行动。金正恩领导下的朝鲜基于冷战后确立的自主先军政治路线和自立经济基础，已经下定决心对美国最终摊牌。这就是说不再像过去20多年那样忍让和妥协，而是力求通过展示超强硬姿态，逼迫美国改变对自己的敌视政策，以便将朝鲜半岛停战机制转换为永久的和平机制，为建设"社会主义强盛国家"创造有利的国际环境。为了达到这一目的，朝鲜在美国以实际行动不再以任何方式威胁使用核武器，解除名目繁多的各种经济制裁，并与之建立正常关系、真正和平友好地平等相处之前，不会放弃核武器及其远程投送能力的研制和开发。同时，在朝鲜半岛南北双方之间经济实力仍严重失衡的情况下，朝鲜将以核威慑对抗韩国实现"吞并统一"的企图。

如果美国和韩国不改变过去5年那种对朝鲜的敌视和打压政策，那么不仅在今后2~3年内，而且至少在金正恩最初执政的今后10年内，朝鲜不会改变对美国和韩国的这种强硬态势。正如朝鲜公开宣示的那样，核武器已成为其用以最后解决问题的"万能宝剑"。然而，朝鲜对美国和韩国采取超强硬态势的最终目的，与其说是为了成为所谓的

"核国家"，毋宁说是为了对抗美国对其先发制人的核打击威胁，冲破美国对其研发利用核能和宇宙空间等高新技术的种种限制，以便于在高新科技的基础上，尽快实现建设"社会主义强盛国家"的国家发展战略目标。因此，只要通过朝鲜半岛核问题六方会谈等多边途径，可靠地保障朝鲜的安全和研发利用高新技术的合法权利，朝鲜就有可能改变目前这种铤而走险的做法。2013 年 2 月金正恩邀请美国篮球运动员来访并予以接见便说明了这一点。

朝鲜对美国和韩国采取如此超强硬的态度，首先会迫使极力避免重燃战火的韩国社会发生分化。目前，代表韩国社会底层利益的反战进步势力已开始直言不讳地指出，导致朝鲜半岛局势不断恶化的责任在于韩国和美国方面。而且，除了冷战守旧势力之外，韩国中右翼保守群体也出现了分化的征兆。在此情况下，刚刚就任并组建新政府的朴槿惠总统，继续标榜竞选期间提出的所谓"半岛信任进程"的对朝鲜政策基调，表示将通过向朝鲜提供人道主义援助的方式，无条件地同朝鲜开展对话。然而，犹如冷战后 20 多年的历史所昭示的那样，韩国政府对朝鲜政策的制定和执行，并非总统一人所能决定，而更多地取决于总统府青瓦台的核心高参班子。目前，朴槿惠政府的统一、外交、安全、国防等部门主要负责人，大都出自对朝鲜持强硬态度的军方。与此不无关联，韩国冷战守旧势力或主张自主研发核武器，或要求重新引进美国的战术核武器，以对抗朝鲜。韩国社会和政府的这种矛盾状况，势必会影响美国政府对朝鲜的政策取向。

在朝鲜半岛局势一路下滑的 2013 年 1 月，成功竞选连任的美国总统奥巴马开始了第二个任期。在新政府组建之际，美国国会共和党对于奥巴马政府听任韩国李明博政府对朝鲜采取"战略忍耐"之策，因而导致朝鲜半岛核问题更加恶化颇多诟病。在执政的民主党内，一些资深的朝鲜半岛问题专家纷纷提出，美国政府似乎已到了更严重地考虑朝鲜威胁之时，应对朝核问题"不能单纯地针对核问题，而要采取根本的一揽子方式"，包括用和平协定替代停战协定、协商对朝鲜提供能源和经济援助；① 美国政府"不应将朝鲜妖魔化"，② "不能无视金正恩的对话建议"。③ 但是，即便美国政府不再采取"战略忍耐"之策，也不可能无视国际地位愈加重要的同盟国韩国政府的立场，与朝鲜单独对话和解。因此，在今后一段时间内，美国政府将为安抚韩国，继续同韩国一道对朝鲜采取大规模军事演习等高压态势，并以此平息韩国国内进行核武装的议论。

目前，以结束针对朝鲜的每年一度美韩"关键决断"大规模军事演习为契机，美韩对朝鲜政策的协调似乎走向了打压与对话并举的"双轨战略"，即以美国为主、韩国为辅，在对朝鲜加紧军事遏制、经济和金融制裁，以限制朝鲜发展核与导弹能力的同时，以朝鲜采取率先"信任措施"为条件，保留与之对话的可能性，以等待出现新的转机。为此，美国在抓紧与韩国扩大政策共识的同时，开始与俄罗斯和中国进行政策协调。④ 然而，所谓打压和对话的"双轨战略"不仅不会使朝鲜屈服，而且也不符合中国和俄罗斯在朝鲜半岛的战略利益。韩国政府在所谓"人权"等问题上对朝鲜的恣意妄为，不仅会更加激化朝鲜半岛南北双方之间的对抗，而且有可能打乱美国的如意算盘。因此，目前朝鲜半岛的紧张局面有可能持续相当长的一段时间。

不过，美国试图再次借助中国和俄罗斯的影响，以缓和朝鲜半岛紧张局势之举，从未来前景看有可能产生政策平衡之效。中国和俄罗斯并非加剧朝鲜半岛紧张局势的始作俑者和直接责任者，因而也没有义务调停朝鲜与美国和韩国之间越来越激化的矛盾。然而，因朝鲜半岛核问题与导弹问题而不断激化的紧张局势，的确对中国和俄罗斯努力维护朝鲜

---

① 《博斯沃思称有必要一揽子应对北核问题》（보즈워스 "북핵문제 포괄적 접근 필요"），〔韩〕《联合通讯》2013 年 2 月 16 日。

② 《格雷格称不能将朝鲜妖魔化》（그레그 前대사 "북한을 악마화 하지는 말아야"），〔韩〕《联合通讯》2013 年 3 月 5 日。

③ 《格雷格称美国政府不能无视金正恩的对话建议》（그레그 "미 행정부, 김정은 대화제의 대화제의 무시해선안돼"），〔韩〕《联合通讯》2013 年 3 月 12 日。

④ 《韩美正式推进对北 ' 双轨 ' 战略》（한·미, 대북 '투트랙' 전략 본격화），"韩美共感对北双轨应对"（그레그 前대사 "북한을 악마화 하지는 말아야"），〔韩〕《联合通讯》2013 年 3 月 20 日。

半岛和东北亚地区长期稳定战略，带来了严峻的挑战。因而，中国和俄罗斯一直主张全面、公正、合理地解决朝鲜半岛核问题，并为此发挥了积极的建设性作用。

然而，对于努力在 2020 年前后建成"小康社会"的中国来讲，在朝鲜进行第三次地下核试验之后，的确遇到了前所未有的一个又一个更大挑战。这就是如何在自己力求维护朝鲜半岛和东北亚地区长期和平稳定、朝鲜为建设"社会主义强盛国家"而急欲打开国际关系新局面、韩国急于"吞并统一"朝鲜半岛、美国力保和扩大在朝鲜半岛的既得利益之间，寻找到共同的利益交会点，将其反映为政策意志并坚定持续地予以推进。

为此，从现在起至未来 2~3 年，中国政府为确保实现建成"小康社会"的战略目标，势必会从重新认识当今世界和周边形势出发，为切实维护朝鲜半岛和东北亚地区的长期稳定制定新的政策路线图，并予以推进。可以想象，在未来 2~3 年朝鲜半岛南北双方关系重新定位之前，中国政府将继续坚持维护朝鲜半岛和平稳定的基本政策，并首先从朝鲜半岛周边大国入手，在更高的战略层次上同各方协调政策。其中，如何将朝鲜半岛的停战机制转换为永久和平机制、在东北亚地区建立有效的安全对话合作机制，不能不成为与实现朝鲜半岛无核化同样重要的政策考虑。

未来 2~3 年内，如果朝鲜半岛南北双方关系能够有所定位，那么无论它是更为恶化还是积极反转，如何把朝鲜半岛的停战机制转换为永久和平机制，很有可能成为朝鲜半岛局势演变中的热点问题。届时，各方将为此面临又一个很有意义的新选择：是重新启动朝鲜半岛核问题六方会谈，还是恢复朝鲜半岛问题四方会谈？或者，是否根据需要，将朝鲜半岛核问题六方会谈和朝鲜半岛问题四方会谈同时予以推进？

# 第八章　缅甸政治改革与中缅关系

## 杜继锋[*]

2010 年 11 月 7 日，缅甸举行了 20 年来的首次多党大选，代表军方利益的"联邦巩固与发展党"以及代表民主派的"全国民主力量党"等 37 个政党的 3000 余名候选人参选，角逐缅甸联邦以及各省、邦议会的 1163 个议席。[①] 11 月 17 日，缅甸联邦选举委员会公布了大选的最终结果：联邦巩固与发展党共获得联邦和省、邦议会的 883 个议席，在各级议会中均成为多数党。

2011 年 2 月 4 日，缅甸联邦议会选举前总理吴登盛为总统、前"国家和平与发展委员会"第一秘书长丁昂敏乌和掸族议员赛茂康为副总统。3 月 30 日，吴登盛领导的缅甸新政府宣誓就职，各级"国家和平与发展委员会"随之解散并将权力移交给新政府，从而完成国家权力的交接。

缅甸新总统吴登盛因为人低调、谦和、清廉，有"儒雅绅士"、"清廉先生"的美誉，人们自然对缅甸新政府给予了一定的期望。缅甸新政府上台后开始大幅度进行政治改革，但改革速度之快还是出乎了大多数观察家的意料。

＊　　杜继锋　中国社会科学院亚太与全球战略研究院，副研究员。
①　*The Irrawaddy*，Mar 24，2010.

## 第一节　缅甸政治改革的形成和发展

早在 2010 年 11 月缅甸政府就已释放出进行政治改革的初步信号。11 月 14 日，在缅甸大选一周后缅甸最大反对党、全国民主联盟（NLD）领导人昂山素季被正式解除"软禁"。

昂山素季的获释在国际社会引起强烈反响。联合国秘书长潘基文对昂山素季的获释表示欢迎并赞扬昂山素季给全世界人民带来启示。美国总统奥巴马和英国首相卡梅伦同样对此表示欢迎。欧盟委员会主席巴罗佐则表示获释后的昂山素季必须被允许参与缅甸政治。①

昂山素季获释后，缅甸政府对她的活动并未进行任何人身限制。2011 年 7 月，昂山素季离开仰光前往蒲甘，这是她被解除软禁后首次离开仰光。7 月 19 日，受缅甸政府邀请，昂山素季亲自参加了为纪念其父、缅甸独立英雄昂山遇刺举行的"烈士纪念日"活动，这是 9 年来的第一次②。8 月，昂山素季再赴勃固开始政治旅行并发表了软禁解除后的首次公开政治演讲。

在给予昂山素季本人政治活动自由空间的同时，缅甸政府采取一系列措施，放松政府对社会的管控，实施大刀阔斧的政治改革，缅甸政治改革的帷幕就此正式拉开。

2011 年 5 月 16 日，缅甸总统吴登盛签署对 14600 多名犯人的"大赦令"，这也是缅甸新政府自 3 月 30 日成立以来首次实施大赦，获释者中包括 100 余名"政治犯"。

6 月 8 日，缅甸宣传部宣布将改变现行所有出版物出版前先予审查的政策，逐步放宽出版审查。第一批免于事先审查的出版物涉及卫生、技术、文艺、体育和儿童五大领域，共 82 家期刊。

8 月 19 日，吴登盛总统在内必都与昂山素季会面，双方在昂山素

---

① 《昂山素季获释国际反响强烈》，香港《文汇报》2010 年 11 月 14 日。
② 沐俭：《2011 年新政府成立以来缅甸动态综述》，《南亚与东南亚研究》2012 年第 1 期。

季父亲的遗像前合影并共进晚餐。其间，昂山素季还参加了总统主持的国家经济改革研讨会，受到了其他与会人员的列队欢迎。①

9月18日，缅甸政府解除了对包括美国之音、英国广播公司以及视频网站 YouTube 等若干境外新闻网站的长期封锁。

10月11日，缅甸宣布将释放包括220多名"政治犯"在内的6359名囚犯。这也是缅甸新政府3月上台以来实施的第二次特赦。

随着缅甸政治环境的不断宽松，昂山素季领导的"全国民主联盟"也开始重返缅甸政坛。11月4日，吴登盛总统颁布经议会修改通过的新《政党登记法》，取消了对政党登记以及候选人背景的诸多限制，将原有要求缅甸所有政党必须同意"保护"2008年宪法的条款改为"尊重和遵守"2008年宪法。这就为昂山素季和她领导的"全国民主联盟"重返缅甸政治舞台铺平了道路。

2011年11月18日，"全国民主联盟"中央执委会会议最终决定重新登记参加于2012年4月举行的议会补缺选举。12月13日，缅甸联邦选举委员会正式批准"全国民主联盟"重新注册为合法政党。

进入2012年以后，缅甸的政治改革势头继续有增无减。1月13日，缅甸政府再次释放了650多名"政治犯"。4月1日，缅甸举行了议会补缺选举，共选出联邦议会上下两院和地方议会共45个席位。"全国民主联盟"取得压倒性胜利，包括昂山素季本人在内的共43名候选人当选。8月20日，缅甸政府宣布在缅甸全国范围内出版发行的所有报刊包括政治性、宗教性报刊可以自由出版，无须经过审查。

除了政治改革，缅甸政府也在经济领域做出改革尝试。由于西方多年的经济孤立与经济制裁以及世界银行、国际货币基金组织和亚洲开发银行等国际金融机构停止对其资金援助等原因，缅甸外汇资金匮乏，国际储备很少，国家实行严格外汇管制，禁止外汇自由出入和兑换，对外汇支出尤其是非贸易项目下的外汇支出审查严格，手续复杂。

由于多重汇率机制依然存在，现行官方汇率与市场汇率相去甚远，

---

① 沐俭：《2011年新政府成立以来缅甸动态综述》，《南亚与东南亚研究》2012年第1期。

存在巨大反差，且市场汇率波动频繁，对国内政策反应敏感，市场汇率受到资金汇划限制、货币兑换限制、进出口业务限制以及政府不透明政策等多重因素的影响，导致了缅甸大规模货币兑换黑市的出现。多重汇率机制的存在不仅给企业日后的正常经营活动、财务会计、纳税申报带来诸多不便，而且缅甸币值不稳定，市场汇率的频繁剧烈波动还会给项目资金管理带来压力，容易造成巨额汇兑损失。

为此，缅甸政府从 2012 年 4 月 1 日起废除了已实施数十年、饱受诟病的双重汇率制度，开始正式实行新的"管理浮动汇率制"，兑换汇率参照市场汇率进行。2012 年 9 月 8 日，缅甸议会批准了新的《外国投资法》。允许外国人在合资企业中持有一半甚至更高比例的股权，法案放弃了要求外国投资需达到至少 500 万美元等多个歧视性条款。

## 第二节　缅甸改革的动因

缅甸改革有其自身的内在逻辑，不仅是缅甸内部自身发展需要，也是国际及地区局势变化等因素共同作用的结果。

### 一　政治改革是缅甸"民主路线图"要求的自然产物

缅甸民主制度自创立以来命运多舛。1948 年缅甸独立后一直奉行西方式的议会民主制。1962 年奈温将军发动政变，推翻民选文官政府，开始了长达 26 年的军人统治，缅甸民主制度就此夭折。

1988 年，在全国的抗议浪潮中奈温被迫下台。同年 9 月，缅甸军人再度发动政变，接管国家政权，成立"国家恢复法律和秩序委员会"（1997 年 11 月 15 日更名为"国家和平与发展委员会"）。1990 年，缅甸举行大选，迎来恢复民主制度的又一重要机遇。昂山素季领导的"全国民主联盟"赢得 492 个议席中的 392 席，亲政府的"民族团结党"仅获得 10 个议席。但缅甸军人政府以"先制宪，后交权"为由拒绝向昂山素季移交权力，缅甸民主化努力最终功亏一篑。缅甸民主派随即开展长期反政府活动，西方也对缅甸实施严厉的经济制裁。

1993 年，缅甸召开国民代表大会并于 2003 年 8 月公布七点"民主路线图"，逐步向"有纪律的民主"制度过渡。具体步骤为：第一步，重新召开 1996 年中断的国民大会；第二步，召开国民大会，逐步开始各项工作进程，建立一个真实的、有充分秩序的民主制度；第三步，按照国民大会制定的基本原则起草新宪法草案；第四步，举行全民投票，通过宪法草案；第五步，举行大选组成议会；第六步，按照新宪法召开议会；第七步，由选举产生的国家领导人、内阁及权力机构领导国家迈向现代化的、发达的现代民主国家。[①]

2008 年，新宪法经全民公决批准。2010 年 11 月 7 日，最终举行了 20 年来的首次多党大选，产生了新的"民选"政府，"民主路线图"最终完成。

## 二 政治改革是缅甸政府寻求政权合法性和国际支持的前提条件

缅甸在国际社会长期处于孤立状态，西方国家以 2010 年缅甸大选存在"瑕疵"为由始终未承认缅甸新政府的合法性。缅甸政府意识到要取得国际社会对缅甸新政府合法性的认可只有在国内改革取得突破性进展前提下才有可能。

## 三 政治改革是缅甸国家实现经济发展的客观要求

西方国家对缅甸实施的长期经济制裁重创了缅甸经济，严重制约了缅甸的经济发展。缅甸尚未建立门类齐全的工业体系，产业结构极不合理。政府收入的来源仍然主要依靠石油、天然气、矿产资源等原材料出口。人民生活水平低下，民生艰难。1987 年缅甸开始沦为世界最贫穷国家之一。如果缅甸政府短期内不能迅速发展经济，解决民生问题，"联邦巩固与发展党"将难以赢得下次大选甚至可能引发社会不稳定。缅甸政府意识到与西方国家改善关系可为最终全部解除制裁创造条件。

① 杜继锋：《亚太地区发展报告（2004）》，社会科学文献出版社，2005 年，第 125 页。

解除西方的经济制裁也有利于缅甸吸引和吸收外资，改善国内民生。

### 四 政治改革也是解决国内错综复杂民族矛盾的唯一方法

缅甸共有 135 个民族，除主体民族缅族外，其余少数民族占据国家 1/3 的人口和 2/3 的国土。缅甸独立后，缅族长期主导政权，与少数民族矛盾尖锐，国家曾陷入长期内战。实现民族和解是新政府另一重要任务。2010 年大选中，多个少数民族政党参选并在中央及地方议会中获得议席，议会选举掸族人赛貌康为副总统，少数民族在各级议会中获得了一定的发言权，初步改变了军人政府时期各少数民族难以参政的局面。新政府希望以此推动国家和解，实现民族团结。

但缅甸国内少数民族间的对立和冲突并未因 2010 年大选得到彻底平息，少数民族武装割据的局面没有根本改变。缅甸政府在过去几十年中采取过武力围剿与和谈等多种方式，都未能彻底消灭少数民族武装。2011 年 6 月，缅甸政府与国内第二大少数民族武装——克钦独立军之间发生停火 17 年以来最严重的武装冲突，使缅北局势再度紧张。

缅甸政府意识到与国内少数民族武装间的冲突将继续影响缅甸国家的统一和稳定，解决冲突的唯一方法就是通过政治改革，通过建立真正的联邦制解除各民族间的敌视和对抗。

## 第三节 缅甸外交政策的调整

在国内政治改革取得飞速进步的同时，缅甸政府也开始对外交政策进行调整，缅甸与美国为首的西方国家间的双边关系也随之"解冻"，双方高层互访不断，西方国家纷纷取消对缅甸已实施了 20 多年的经济制裁。缅甸同时改变过去对中国"一边倒"的外交政策，对中美缅三角关系进行"再平衡"。

2011 年 5 月，美国国务院负责东亚和太平洋事务的副助理国务卿约瑟夫·尹访问缅甸。在缅期间约瑟夫·尹不仅拜会了昂山素季，还会见了缅甸新政府外长吴温纳貌伦，这也是缅甸新政府成立以来美缅间举行的最高层会谈。

6 月，美国重量级政客、共和党参议员麦凯恩访问缅甸，与缅甸反对派领袖昂山素季会面。

8 月，美国总统奥巴马任命前美国国防部主管亚太事务的首席副助理部长米切尔（Derek Mitchell）为美国缅甸事务特使，负责协调双边关系以进一步推动缅甸政治改革。到 11 月，米切尔在上任不到 2 个月时间内已先后 3 次访问缅甸。

9 月 29 日，在第 66 届联合国大会举行之际，缅甸外长吴温纳貌伦罕见地"受邀"访问了美国国务院，与美国国务院主管东亚与太平洋事务的助理国务卿坎贝尔及米切尔举行了双边会谈。

11 月 17 日，在印度尼西亚巴厘岛举行的东盟第 19 次首脑会议决定由缅甸担任东盟 2014 年轮值主席国，这是 2006 年缅甸被剥夺主席国地位后首次担任这一职位。11 月 18 日，奥巴马发表声明，宣布将派国务卿希拉里出访缅甸，奥巴马在声明中称，"如果缅甸继续推进民主改革进程，美国将与缅甸建立新关系，掀开两国新篇章"。①

11 月 30 日至 12 月 2 日，美国国务卿希拉里对缅甸进行了名为"破冰之旅"的历史性访问，这也是美国国务卿自 50 年前缅甸实行军人统治以后首次访缅。在缅期间，吴登盛总统与希拉里会面，希拉里强调美方坚持"以行动对行动"，在缅甸政府释放国内全部政治犯、停止镇压少数民族、停止与朝鲜的军事往来等三个方面取得进展的同时，将逐步减少对缅旅游限制和进出口限制等制裁措施并将考虑恢复双边大使级外交关系。12 月 2 日，美国宣布将援助 120 万美元用来支持缅甸微观金融和医疗以及帮助地雷的受害者。

希拉里刚刚结束缅甸之行，美国重量级政客又接踵而至。2012 年 1 月 14 日，美国参议院共和党领袖麦康奈尔也首次访问缅甸。

2012 年 1 月 13 日，在缅甸宣布释放 650 多名"政治犯"的当天，

---

① 《美 50 年首派国务卿访缅甸　奥巴马欲掀两国新篇章》，《中国新闻网》2011 年 11 月 19 日。

希拉里立即表示将提升与缅甸的外交关系，美方不久将"确定大使人选"。① 5 月 17 日，美国总统奥巴马宣布正式提名美国缅甸事务特使米切尔出任 22 年来美国首位驻缅大使。

2 月 6 日，美国宣布一项对国际金融机构禁止与缅甸合作的豁免令，不再反对世界银行、亚洲开发银行及国际货币基金组织等国际金融机构赴缅甸进行"评估工作"或对缅甸提供有限的技术援助。这一措施为缅甸未来获得世界银行或国际货币基金组织等国际金融机构贷款及援助铺平了道路。

7 月 11 日，美国总统奥巴马宣布批准美国企业对缅甸投资，允许美国企业在缅甸拓展业务，但依然禁止美国企业与缅甸军方企业的合作。

8 月 29 日，在缅甸总统吴登盛即将赴纽约出席联合国大会的前夕，美国宣布取消对缅甸某些个人的签证禁令，以促进美国同缅甸政府的交往。

9 月 27 日，美国国务卿希拉里·克林顿在纽约联大会议期间会晤缅甸总统吴登盛，宣布将放宽对缅甸商品进口美国的限制，以回应缅甸继续朝改革方向迈进的努力。

11 月 19 日，奥巴马对缅甸进行了"历史性"访问，这也是美国总统自缅甸独立以来对缅甸的首次访问。在缅甸停留的短短 6 个小时内，奥巴马不仅与缅甸总统吴登盛和反对党领袖昂山素季会面，参观缅甸标志性建筑仰光大金字塔，还特意走访了缅甸民主运动的"发祥地"——仰光大学并对师生发表演讲，宣传美国的价值观，缅甸官方电视台也对奥巴马的缅甸之行进行了全程直播。为了给奥巴马的访问创造和谐气氛，双方均释放了一些善意：吴登盛于奥巴马抵达前的 11 月 15 日签署大赦令，释放包括一些"政治犯"在内的 452 名囚犯。作为回应，美国于 11 月 17 日宣布放宽针对大多数缅甸产品的进口限制。为表明美国对缅甸民主改革的鼓励与支持，奥巴马在访问缅甸期间宣布在

---

① 美国当时虽与缅甸有外交关系，但驻缅外交使团的最高官员仅为代办。

未来两年内美国将向缅甸提供 1.7 亿美元的援助。

除了美国以外，欧盟与其他西方国家也纷纷向缅甸伸出橄榄枝。2011 年 4 月 12 日，欧盟宣布解除对缅甸政府中部分非军人部长级官员的签证禁令和资产冻结措施，解除期限为一年。7 月，澳大利亚外长陆克文访问缅甸。2012 年 1 月，英国外交大臣黑格和法国外长朱佩相继访问缅甸，这是 56 年来第一位访问缅甸的英国外交大臣和 1988 年以来首位访问缅甸的法国最高级别官员。2 月 17 日，欧盟取消了对缅甸总统登盛和其他一些缅甸高官的旅行限制。4 月，澳大利亚宣布将解除对缅甸总统登盛等 200 余人的旅行和金融制裁措施。4 月 13 日，英国首相卡梅伦抵达缅甸访问，成为缅甸自 1948 年独立以来到访的首位英国首相。在缅期间，卡梅伦表示英国将停止对缅甸的大部分制裁措施，但仍保留武器禁运。4 月 23 日，在卢森堡召开的欧盟外长会议决定暂时取消对缅甸近 500 名个人和超过 800 家企业的制裁，期限为 1 年。

在缅甸与以美国为首的西方国家逐步接近的同时，中缅关系却遭遇严重挫折。2011 年 9 月 30 日，即缅甸外长吴温纳貌伦访问华盛顿仅一天之后，缅甸总统吴登盛致信缅甸联邦议会，宣布根据"人民的意愿和要求"在其任期内停建中国援建的密松大坝。①

## 第四节　缅甸改革与中国面临的新安全挑战

在缅甸宣布停建密松大坝建设后，中缅经贸合作受到干扰。缅甸总统吴登盛会晤中国大使对此作了解释并派出外长前往北京与时任习近平副主席和中国外长就相关议题进行会晤。

如何正确看待现阶段中缅双边关系现状和未来发展前景呢？应该承认，中国经济实力迅速增长引发了缅甸更多担忧。

中缅贸易额增长迅速，缅甸主要向中国出口木材、油气、矿产、玉

---

① 密松位于缅甸克钦邦境内，由中国电力投资集团为主要投资方，投资总额 36 亿美元，2019 年完工后将成为缅甸的第二大坝。

石等资源性产品，从中国进口大量工业制成品。中缅关系的"蜜月期"正是西方对缅采取鼓励和制裁的时期，依靠中国实乃缅甸不得已的选择。在新形势下，缅甸政府希望通过向西方靠拢以此摆脱对中国的过度依赖。

缅甸外交重心调整的主要目的在于实行多元外交，但中国在地缘政治、边境与能源安全等方面对缅甸的重要战略意义并未因缅甸对外关系的调整有任何实质性的改变，同时中国自身在缅甸已存在着重大经济利益，也不会轻易放弃缅甸，中缅两国对彼此的战略需求将长期存在。2011 年 5 月 25 日缅甸总统吴登盛率团对中国进行国事访问，这是他就任总统两个月内首次出访东南亚之外的国家。5 月 27 日，两国元首一致同意将两国关系提升为"全面战略合作伙伴关系"。这是中缅双边关系在缅甸实行政治改革和逐步向西方靠拢的背景下对处于一个战略调整期的中缅关系进行的重新定位。

西方国家将对缅甸的经济制裁作为其对缅甸施压的主要手段。因此，对缅甸的制裁难以在短期内完全取消。由于中国是缅甸最强大的邻国，缅甸政治转型和外交调整仍需要中国的帮助和支持，在经济上，缅甸也需要中国资金、技术和市场，中国改革开放以来长期稳定发展的成功经验对缅甸也很有吸引力，两国快速发展的经贸关系将成为两国关系稳定的主要推动力。因此，缅甸维持对华友好的基本外交格局不会产生实质性变化。

对华维持友好合作关系并不意味着缅甸只发展同中国的关系，缅甸已意识到过去那种完全倒向中国的做法并不符合缅甸的国家利益，中国也属于发展中国家，无法满足缅甸所有的需要，国家利益最大化的现实需要促使缅甸在坚持对华友好的同时坚持大国再平衡战略。同时，与西方国家关系的改善也为缅甸发展多元外交提供了可能。

但大国再平衡并不意味着等距离外交，并不表明缅甸会和所有大国保持同等距离。由于中国对缅甸经济影响力最大，缅甸自身对中国的依赖也最深，中国在缅甸的这种特殊地位决定了缅甸的对外多元化战略必然要以中国为依托。

中国一方面应坚持和发展同缅甸的友好关系的既定方针，同时也要对中缅关系未来发展存在的种种不确定因素做好应对之策。

## 一　缅甸国内关于政治改革的分歧与争论不仅直接影响缅甸政局，也会对中缅关系产生深远影响

缅甸实行政治改革以来，缅甸政府内部就政治改革的相关议题一直存在着巨大分歧，形成以总统吴登盛为首的"改革派"和以副总统丁昂敏乌为首的"保守派"两大阵营。

2012 年 7 月 1 日，丁昂敏乌因"健康原因"辞去副总统一职。8 月 15 日，支持改革的前海军司令年吞被选为副总统。但缅甸政府内部的权力斗争并未就此平息。

7 月 5 日，执政的联邦巩固与发展党中央执行委员、仰光前市长昂丁林在接受中国《南方周末》记者采访时对联合国、缅甸领导人和昂山素季发表了一些敏感的"攻击性"言论，引起轩然大波。在舆论的压力下，联邦巩固与发展党中央不得不对其言论进行调查。①

8 月 27 日，缅甸总统吴登盛宣布对政府进行重大改组，包括反对媒体自由的保守派信息部长觉山在内的 9 名内阁部长被撤职，新增 15 名拥护改革的副部长。另外吴登盛还表示要在总统办公室设置运输部、金融部、经济发展部、工业部 4 个部长级职务，均由改革派人士担任。

缅甸政府内部的分歧和矛盾说明缅甸的改革并非"不可逆转"，存在调整和变化的现实可能。缅甸政局的任何异动都会对调整中的中缅关系产生影响。

## 二　美缅关系的逐步调整和缅甸大国再平衡战略是影响中缅关系发展的另一重要因素

缅甸军政府执政时期，美国对缅甸一直实行孤立和制裁政策。奥巴

---

① 《有人想在缅甸建立傀儡政权——访缅甸"改革及现代化监督委员会主席昂丁林"》，《南方周末》2012 年 7 月 6 日。

马执政后，在调整美国战略重心和"重返东南亚"的背景下，美对缅政策开始从单边孤立、制裁走向制裁和接触并用的"双轨"政策。

政治上，美国加强了美缅之间的高层对话，强化与缅甸反对派的联系。美国参议院外交委员会亚太小组主席韦布 2009 年 8 月访问缅甸后美缅双方官方对话逐渐展开。美国国务院负责东亚和太平洋事务的助理国务卿坎贝尔 2009 年 11 月及 2010 年 5 月两度访问缅甸。美国官员在缅甸境内外频繁会见昂山素季等反对派领袖，加强同缅甸的非政府组织、少数民族代表、海外缅甸人和政治难民之间的沟通与联系。

美国还注重发挥东盟在促进缅甸改革中的重要作用，强调美国与澳大利亚、欧盟、加拿大盟友及东盟在缅甸事务上的协调与合作。利用美国—东盟领导人峰会等合作机制，向缅甸施压。

美国还利用对缅援助项目对缅甸社会施加政治影响力。美国的援助对象主要是缅甸境内活动的非政府组织、边远地区的少数族裔以及境外流亡的难民及政治流亡者。援助主要项目集中于目前人道主义救助及促进缅甸公民社会与社区发展。

随着缅甸政治改革进程的不断深入，美国势必将进一步加强与缅高层互动，美缅双边关系也将被进一步提升，以奥巴马首次访问缅甸为标志，美缅两国高层之间的接触还会进一步强化。奥巴马连任之后的首次出访即选择包括缅甸在内的亚太三国，其主要目的不仅是力图大肆渲染美国对缅甸民主改革的支持，同时也暗示在其新任期内亚洲将是美国外交战略的核心。

一个繁荣的缅甸对中国的稳定至关重要，中美两国在此问题上存在共识，具有一定的外交合作空间。但同时，美国大举进军缅甸不仅可能削弱中国在缅甸的经济地位和原有优势，也将直接影响到中国西南边疆安全、能源供应通道安全及地缘政治安全。

### 三　缅甸少数民族问题仍将是影响中缅关系的主要问题之一

边境安全仍将是中缅关系中十分敏感的因素。中缅边境线长约 2185 公里，其中滇缅段为 1997 公里。云南边境民族佤族、傣族（缅甸称为掸族）、景颇族（缅甸称为克钦族）等多个少数民族与缅甸北部的少数民族同宗，跨境往来。

现阶段，缅甸政府和少数民族武装的矛盾主要集中于克钦独立军（KIO）之间，克钦独立军的活动范围主要集中在与中国云南相邻的缅甸克钦邦内，双方间的武装冲突势必将对中国南疆的边境安全产生直接影响。

缅甸开始政治改革后，缅甸政府与各少数民族间的关系喜忧参半。2012年1月，缅甸政府与克伦族全国联盟达成停火协议。2012年3月，吴登盛总统在其执政周年的议会讲话中再次强调了民族和解的重要性，希望根据1947年彬龙协议的精神分三步实现民族和解即邦级和谈、停止敌对；重新部署军队、在对方控制区开放代表处；确立联邦级和谈时间表。

缅甸政治改革不仅是缅甸自身发展经济和获得政权合法性的需要，也是国际和地区形势变化的自然反应，是内外因共同作用的结果。在政治改革的大背景下，缅甸对外交政策做出相应调整，向美国为首的西方国家靠拢；中缅关系不可避免受到一定影响和冲击，但中国在地缘政治、能源供应、边界安全等方面对缅甸的重要战略意义并未因此有实质性的改变，中缅两国对彼此的战略需求将长期存在。

缅甸的对华政策在保持既有延续性的同时，也会随形势的要求出现一些变化和调整，缅甸的中国政策将以寻求改变对中国的过度依赖，继续开展大国平衡的"多元外交"为主要特点。

# 第九章　钓鱼岛主权危机与日美同盟关系

朱凤岚<sup>*</sup>

**引言**：2012 年 9 月 11 日，日本政府不顾中方一再的强烈反对和严正抗议，与钓鱼岛"岛主"栗原家族签署岛屿"买卖合同"，强行推动钓鱼岛"国有化"进程。日本政府因误读"搁置争议"原则、媒体舆论误导国民对钓鱼岛史实的正确认识以及日本外交误判中方的激烈反应，从而引发中日钓鱼岛主权严重危机。鉴于中日双方对钓鱼岛主权的强硬立场以及日美同盟关系的存在，中日钓鱼岛主权危机将会长期持续，其未来走向具有很强的不确定性。

继 2010 年 9 月福建渔民詹其雄在钓鱼岛附近海域遭到日本海上保安厅船只驱赶和撞击并被押解到冲绳，引发"钓鱼岛撞船事件"以来，中日两国同时提升了对钓鱼岛主权控制关注度和敏感度。2010 年 10 月，日本东京都知事石原慎太郎首次公开表示要购买钓鱼岛，经过精心筹备耐心劝导，终于说服"私人岛主"转让土地所有权。2012 年 4 月，石原在美国透露东京都政府正在募集资金决定购买钓鱼岛群岛中的钓鱼岛、南小岛和北小岛。随后，日本首相野田佳彦表示应由政府购买。2012 年 9 月 11 日，日本政府出资 20.5 亿日元，与"私人岛主"签订"购买"合同。日本在钓鱼岛主权上的一意孤行，遭到了中方强有力回应，钓鱼岛主权争端迅即演变为中日关系中的一场严重危机。本章将在

───────────

\* 朱凤岚　中国社会科学院亚太与全球战略研究院，副研究员。

尊重历史事实的基础上，阐述与分析钓鱼岛主权危机的总根源、冲突现状以及未来走向。

## 第一节　钓鱼岛的历史事实及其主权争端的总根源

**1. 钓鱼岛是由中国人最早发现、命名和使用的，这是无可争辩的历史事实**

地理上钓鱼岛距离台湾彭佳屿约 140 千米，距离日本石垣岛约 175 千米。早在公元 15 世纪、16 世纪，中国的许多官方文件上就出现了有关钓鱼岛的记载。例如，中国在 1403 年的官方文件《顺风相送》中便已有钓鱼岛的名字，这一记录比日本将其命名"尖阁岛"早了 480 年。关于这一点，中日之间不存在官方争议。

中日官方争议的主要焦点是：中国大陆和台湾都认为中国在明朝时期不仅最早发现，而且根据明嘉靖十三年（1534 年）明朝向琉球派出的第 11 任册封使陈侃所撰写的《使琉球录》、明嘉靖四十一年（1562 年）编纂的《筹海图编·沿海山沙图》等记载，证实当时已实施了有效主权支配，因此，中方对钓鱼岛群岛早已拥有无可辩驳的主权。

1556 年，郑舜功奉命赴日考察后撰写的《日本一鉴·万里长歌》中明确记载了钓鱼岛属于台湾："……钓鱼屿小东小屿也"（"小东"即当时对台湾的称呼），说明中国当时已认定钓鱼岛等岛屿是台湾的附属岛屿。1561 年，被喻为"海岸地带学权威"的郑若曾在其《郑开洋杂著》卷一《万里海防图》中，将钓鱼岛、黄尾屿及赤尾屿列入中国版图。

到清康熙二十二年（1683 年），清廷迫使郑克塽在澎湖海战投降，康熙帝将台湾划入大清帝国版图，归福建省管辖。是年，清朝第二任册封使汪楫在其《使琉球录》卷五中，对赤屿（属钓鱼岛）和姑米山（属琉球王国）之间的海域有"中外之界"的描述。这是中国官方正式声明坚称钓鱼岛是本国故有领土的依据。有关钓鱼岛历史上属于中国的论证已如汗牛充栋，在此不作详细考证。①

日本政府的观点是，中国虽在明朝或更早发现了钓鱼岛，但至甲午战争开始后，日清签订《马关条约》三个月前，即1895年1月，经过日本政府的考察，将钓鱼岛定义为无主地，认为中国只凭先发现或因地理原因并不能作为拥有主权的充分证据，而将钓鱼岛纳入日本版图。

不过，从1906年奥本海（L. Oppenheim）和1928年（Max Huber）界定的国际法"先占"原则来看，占领一块无主地必须合乎下列五个条件才能成立，即领有的企图、无主地的确认、占领的宣告、占领的行动、实效管辖。而18世纪以前，在国际法上是"发现即占有"的时代。

**2. 近代日本对外殖民侵略才是钓鱼岛主权争端的总根源**

日本通过1868年开始的明治维新走上近代化道路，之后便迫不及待地推行向外侵略扩张政策。一方面"征韩论"酝酿进攻朝鲜，② 另一方面亦把侵略矛头对准中国。1870年8月，明治政府派遣柳原前光等人来华探讨与清廷订约通商，李鸿章以"大信不约"四字婉言谢绝，但禁不住柳原等软磨硬泡，③ 1871年9月13日，清廷与日本签署了中日历史上的第一部条约——《中日修好条规》。④

然而，就在《中日修好条规》签署后两个月余，1871年11月30

① 这方面的论证，首推日本历史学家井上清教授，他在《钓鱼岛的历史解析》（日本现代评论社1972年出版）一书中首次提出钓鱼岛属于中国。此外，中国学者对钓鱼岛的历史事实更是有详尽的考证，主要有米庆余：《琉球历史研究》，天津人民出版社，1998；吴天颖：《甲午战前钓鱼列屿归属考》，社会科学文献出版社，1994；鞠德源：《日本国窃土源流 钓鱼列屿主权辨》上下册，首都师范大学出版社，2001；郑海麟：《钓鱼岛列屿之历史与法理研究》，中华书局，2007，等等。

② "征韩论"代表木户孝允向明治政府提交侵略朝鲜的建议，即把朝鲜看作"保全皇国的基础，将来经略进攻之基本，……往朝鲜派遣使节，问彼之无礼。彼若不服时，宣布罪状，攻击其国土"，并研究出了具体的行动计划。详见吴廷璆主编的《日本史》，南开大学出版社，1994，第410页。

③ 王芸生编著《六十年来中国与日本》（第1卷），生活·读书·新知三联书店，2005，第30-31页。

④ 《中日修好条规》主要内容有：第一，中日两国互不侵犯领土，永久修好；第二，如别国对中日两国之一有侵略事情发生，必须互相支援；第三，两国互不干涉内政；第四，互派驻外使节；第五，在两国的通商港口进行贸易，在通商港口派驻领事官员，互相承认领事裁判权；第六，两国国民在通商港口互相友爱，禁止携带刀械。

日发生了琉球船民被台湾高山族民误杀事件。这本是清政府与琉球间的问题，与日本无关，但是日本却乘机插手，图谋吞并琉球、侵略台湾。1874 年 4 月，明治政府设立"台湾蕃地事务局"，5 月 7 日至 6 月 1 日，日本出兵 3600 人进犯台湾，遭到台湾民众抵抗，加之清廷声援，日本遂急于求和。在英美法三国公使的"调停"下，1874 年 10 月，清廷与日本签署中日《北京专约》，清朝承认"台湾'生蕃'曾对日本国属民等妄为加害"，日本出兵是"保民义举"；规定日军撤出台湾，赔偿日本白银 50 万两。① 日本侵略中国领土台湾，中国反给予赔偿，日本可算是得到了侵略的彩头。1875 年，日本强迫琉球断绝与中国的一切关系，1879 年 4 月 4 日，日本废琉球藩，改名为冲绳县，完成了吞并琉球的法律手续。

之后不久，钓鱼岛上出现了标志性事件——日本商人古贺辰四郎向冲绳县申请租用钓鱼岛，以在此岛建立"信天翁"羽毛和海产品加工点。因不确定钓鱼岛之所属，冲绳县厅和明治政府没有立刻批准他的申请。但是，以此为因缘，日本内务省开始密令冲绳县厅对这些岛屿展开调查。根据日本官方档案《日本外交文书》第十八卷记载，1885 年 9 月 22 日冲绳县令西村提交调查报告称："有关调查散在本县与清国福州之间的无人岛事宜，依先前在京本县大书记官森本所接密令从事调查，概略如附件。久米岛、久场岛及钓鱼岛为古来本县所称之地方名，……隶属冲绳县一事，不敢有何异议，但该岛与前时呈报之大东岛（位于本县和小笠原岛之间）地势不同，恐无疑，系与《中山传信录》记载之钓鱼台、黄尾屿、赤尾屿等属同一岛屿。若属同一地方，则显然不仅为清国册封原中山王使船所悉，且各附以名称，作为琉球航海之目标。故是否与此番大东岛一样，调查时即立标仍有所疑虑。"② 同年 10 月 21 日，日外务卿井上馨致内务卿山县有朋信中称："经详细勘察，该等岛屿与业已完成勘查的大东岛相比面积较小，地理上接近清国国境，尤其

---

① 王芸生编著《六十年来中国与日本》（第 1 卷），生活·读书·新知三联书店，2005，第 98 – 99 页。
② 《日本外交文书》第 18 卷，日本国际联合协会，1950，第 574 页。

是清国对各岛已有命名，近日清国报章刊载我政府拟占据台湾附近清国所属岛屿之传闻，对我抱有猜疑，似已引起清政府注意。此时若设国标，必遭清国疑忌，故当前宜限于实地调查及详细报告其港湾形状、有无可待日后开发之重要物产等，而建国标及着手开发等，可待他日见机而作。"① 这说明，日本是清楚这个岛屿是属于清朝的，但他们并未直接与清朝确认，而是准备时机成熟时暗中窃取。

1894 年爆发中日甲午战争，此时对钓鱼岛，明治政府认为完全可以 "见机而作" 了。12 月 27 日，日本内务省秘密通告外务省称，关于在 "久场岛"（黄尾屿）"鱼钓岛" 建标桩一事，虽已下令暂缓，"但今昔形势已殊"，对这些岛屿 "需加管理"，故应重议此事。这次外务省未表异议，并称 "请按预定计划适当处置"。② 于是，不等战争结束，日本政府便于 1895 年 1 月 14 日通过 "内阁决议"，将钓鱼岛划归冲绳管辖。然而，对于日本侵占钓鱼岛，清政府却一无所知。1895 年 4 月 17 日，中日签订《马关条约》，清廷割让台湾全岛及其所有附属岛屿，琉球南部诸岛以及钓鱼岛列屿自然成了日本的囊中之物。尽管如此，自 1880 年以后的历届中国政府，都没有表示过放弃对这些岛屿的领土主权。③

日本对钓鱼岛的非法占有并不是孤立的事件，而是要把它放到日本近代以来所推行的对外侵略扩张政策的大背景中。近代日本的对外扩张政策，一个重要的步骤就是占领岛礁，即所谓的 "无主地"。比如，1876 年占领小笠原群岛；1891 年占领硫黄岛；1898 年占领南鸟岛；1900 年占领冲大东岛。这些被日本悄悄占领的岛屿，有的已经成为日本的 "四至点" 之一，有的正在成为日本向联合国大陆架委员会提交延伸外大陆架的基点。为此，今日钓鱼岛问题的现实要与过去日本的侵略历史结合起来分析。遗憾的是，当年被日本占领的那些小岛

---

① 吴天颖：《甲午战前钓鱼列屿归属考》，社会科学文献出版社，1994，第 110 页。
② 钟严：《论钓鱼岛主权归属》，《人民日报》1996 年 10 月 18 日。
③ 郑海麟：《钓鱼岛主权归属的历史与国际法分析》，载《中国边疆史地研究》第 21 卷第 4 期，2011 年 12 月，第 4 页。

有的确实是无主地，无人认领，也就让日本捡了个大便宜。而钓鱼岛却不同，它恰恰是有主地。所以，日本要承担盗窃他国领土所应负有的一切责任。

### 3. 美国出于自身利益考虑力挺日本，模糊钓鱼岛主权归属

鉴于台湾的地理位置，美国早就有攫取台湾的野心。1853 年，美国海军副将佩里（Mathew C. Perry）用铁船大炮打开日本并强迫其签署《日美神奈川条约》后，便把下一个侵占目标锁定为台湾。他向美国政府建议："我们必须——对一切足以改变中国、日本及更南的国家，特别是台湾的政治及内务的任何具有实际意义的建议，予以鼓励。美国应该单独地采取这个主动。……台湾的地理位置，使其非常适合于作为美国商业的集散点，从那里，我们可以建立对中国、日本、琉球、交趾支那、柬埔寨、暹罗、菲律宾以及一切位于附近海面的岛屿的交通线。……台湾在海军及路上的有利位置，是值得考虑的另外一点，该岛直接地面对着中国的许多主要商业口岸，只要该岛驻泊足够的海军，它不但可以控制这个口岸，并且可以控制中国海面的东北入口。……"①

不仅如此，美国还看到了可以在中国、朝鲜和日本的关系里大做文章，以便获取本国利益。1872 年 10 月，美国驻日公使德朗（C. E. Delong）在给美国国务院的报告中说："……因此，我一向认为西方国家的外交代表们的真实政策，应当是鼓励日本采取一种行动路线，使日本政府彻底反对这种主义（指闭关自守或与中朝联盟），使日本朝廷与中国及朝鲜政府相疏隔，使它成为西方列强的一个同盟者。在目前情势下，我深信已经发现了一个执行我这些计划的机会。可能用不着流血，但是，如果要动干戈，可以使那个战争成为把台湾和朝鲜的庄严的领土放在一个同情西方列强的国家的旗帜之下的战争……使日本从国内混乱中解脱出来，并巩固当今日本天皇的进步和

---

① 卿汝楫：《甲午战争以前美国侵略台湾的资料辑要》，转引自王芸生编著《六十年来中国与日本》（第 1 卷），生活·读书·新知三联书店，2005，第 104 - 105 页。

开明的统治。"①

由此，美国开始怂恿日本侵略台湾。1872 年 10 月 24 日，德朗会见日本外务卿副岛种臣并把台湾地图和房屋图片送给日本政府，副岛说："日本很希望能够取得这个地方，你的看法怎么样？"德朗说："美国是不占别国土地的，如果友好的国家占有这个地方，这是我们所欢迎的。"② 1874 年日本决定进攻台湾时，美国军舰蒙诺加赛号（Monocay）停泊在琅桥湾地区声援日本；美国海军副司令日格塞尔参加指挥日本海军；美国陆军副司令华森参加指挥日本陆军。美国参与的其他船舰还有：花旗公司的"New York"号运送日兵三千人赴台湾；美国商船"Shaftsbury"号出售给日本，改名"社寮丸"。此外，美国还把大量枪炮和弹药卖给日本。

美国在军事上大力帮助日本，但在外交上却采用两面手法，即由美国驻日公使平安（J. A. Bingham）出面，阻拦日本出兵，看似调停者，实则帮助日本敲诈清朝政府，以取得侵略的利益。"美国在 1874年日本进攻台湾一役中，扮演了一个肮脏阴险的角色，表面装作居间调停，实际作日本的帮凶，使清廷君臣受了骗吃了亏而无所警觉，比它干脆公开站在日本侵略者的一边要阴险得多。"③

第二次世界大战结束以后的 1946 年 11 月，美国政府发表声明，将琉球、小笠原群岛置于美国的战略托管之下。在美国托管琉球时期，钓鱼岛被划入了美国的琉球托管区域内，其中，黄尾屿和赤尾屿成为驻日美军的射击训练基地，美军付租金给该岛登记的主人古贺善次。美国于 1972 年将琉球的施政权正式交给日本后，对钓鱼岛主权采取暧昧态度，以坐收中日关于钓鱼岛争端之渔利。

---

① P. J. Treat，"Diplomatic relations between the United States and Japan"，Vol. I. pp. 476 – 477. 转引自王芸生编著《六十年来中国与日本》（第 1 卷），生活·读书·新知三联书店，2005，第 106 页。

② 王芸生编著《六十年来中国与日本》（第 1 卷），生活·读书·新知三联书店，2005，第 107 页。

③ 王芸生编著《六十年来中国与日本》（第 1 卷），生活·读书·新知三联书店，2005，第 104 页。

## 第二节　日本知觉错误诱发钓鱼岛主权危机

### 1. 日本误读中方对钓鱼岛的"搁置争议"原则立场

第二次世界大战结束后至 20 世纪 60 年代末，由于美国对日本实施单独占领并对琉球进行托管，钓鱼岛作为孤悬于东海洋面上的无人小岛，无论是在中日之间，还是在日台之间都没有以领土主权争端的方式凸显出来。但是进入 70 年代，由于东海海域（特别是钓鱼岛周边海域）油气资源的发现，以及第三次联合国海洋法会议关于大陆架、专属经济区以及岛屿制度等海洋权益的激烈争论，诱发周边国家（地区）对东海权益和海洋资源的渴求与争夺，钓鱼岛首当其冲成为争夺焦点。

钓鱼岛领土主权归属争端首先在日台之间爆发。1970 年下半年，日本通产省制定了在东海大陆架南部勘察油气资源的五年规划，并相继批准日本帝国石油等多家民营企业在钓鱼岛周边海域设定"石油开采矿区"。随后，台湾"行政院"于 1970 年 10 月 15 日亦宣布划定东海海域"五大海域石油矿保留区"，将钓鱼岛包括在内，对此，日本照会台湾，表示不满。

同一时间，由于日美达成归还冲绳协议，引发全球华人的保钓运动。1971 年 1 月，港台澳及大陆的 2500 名中国留学生在纽约联合国总部外举行保钓示威。是年 6 月 11 日，国民党政府发表《关于琉球群岛与钓鱼台列屿问题的声明》。该声明对日美不顾《开罗宣言》和《波茨坦公告》的有关规定将琉球群岛交还日本甚为不满，并强调钓鱼台列屿附属台湾省，构成中国领土之一部分，等等。日美两国合伙制造的"归还"冲绳给日本的骗局，也激起了大陆中国人的极大愤慨，1971 年 12 月 30 日，中国外交部发表《关于钓鱼岛所有权的声明》，强调钓鱼岛等岛屿自古以来就是中国的领土，表达了"中国人民一定要收复钓鱼岛等台湾的附属岛屿"的决心。[①] 日本亦不示弱，1972 年 1 月 4 日，

---

① 田桓主编《战后中日关系文献集 1971—1995 年》，中国社会科学出版社，1997，第 61 – 62 页。

当时的日本外相福田赳夫召开记者会，称"'尖阁列岛'无论从历史上还是从条约上看，是日本固有领土，这点没有任何怀疑。"随即日本外务省于 1972 年 3 月 8 日发布《"尖阁诸岛"所有权问题的基本见解》，强调了钓鱼岛编入日本国领土的经过。一时间，大陆、日本、台湾三方围绕钓鱼岛主权争端进入空前的口水战。

不过，对于刚刚在联合国取代台湾国民党政府获得合法席位的新中国而言，最迫切的是恢复国际威望，与周边国家建立正常的外交关系。所以，对领土纠纷问题提出了"搁置争议"的权宜之策。1972 年 9 月，田中角荣访华时向周恩来总理询寻中方对"尖阁岛"的态度，周总理说："这个问题我这次不想谈，现在谈没有好处。"田中说：好！不需要再谈了，以后再说。① 1974 年 10 月 3 日，邓小平首次对日中友协访华团明确了中国对钓鱼岛主权问题采取搁置的态度。他说："谈判（和平友好条约）时，钓鱼岛主权问题最好搁置起来。这个问题一提出来，恐怕几年也解决不了。"② 1978 年 10 月 25 日，邓小平访日并出席日本记者招待会，一位日本记者提问了"尖阁列岛"问题。当时，邓小平非常轻松地回答："'尖阁列岛'，我们叫钓鱼岛，这个名字我们叫法不同，双方有着不同的看法，实现中日邦交正常化时，我们双方约定不涉及这一问题。这次谈中日和平友好条约的时候，双方也约定不涉及这一问题。倒是有些人想在这个问题上挑一些刺，来阻碍中日关系的发展。我们认为两国政府把这个问题避开是比较明智的，这样的问题放一下不要紧，等 10 年也没关系。我们这一代缺少智慧，谈这个问题达不成一致意见，下一代比我们聪明，一定会找到彼此都能接受的方法。"③

新中国两代领导人从中日关系的大局出发，对钓鱼岛提出"搁置争议"原则后，可以看到，在整个 20 世纪 70 年代乃至 90 年代，中方在钓鱼岛问题上，绝对算是恪守原则的典范，对于民间的保钓行为也是采取谨慎低调姿态。

---

① 张香山：《中日复交谈判回顾》，载《日本学刊》1998 年第 1 期，第 47 页。
② 田桓主编《战后中日关系文献集 1971—1995 年》，中国社会科学出版社，1997，第 170 页。
③ 田桓主编《战后中日关系文献集 1971—1995 年》，中国社会科学出版社，1997，第 249 页。

然而，日本政府是如何理解和对待中方提出的"搁置争议"呢？其时，已成为日本首相的福田赳夫在 1978 年 10 月国会答辩时称，"中方提出搁置，正好为我们实效控制'尖阁诸岛'争取了时间"。由此，日本政府便开始"默契"地纵容由石原慎太郎组织的"青岚会"右翼团体登岛修工事、建灯塔、树国旗，对钓鱼岛有计划按步骤地加强实际控制。1979 年 5、6 月间，日本右翼团体在钓鱼岛上修建临时直升机场。1981 年 7 月，日本派出调查团和测量船对钓鱼岛周围渔场进行调查；1988 年 8 月日本右翼团体"日本青年社"到钓鱼岛设立了灯塔。1996 年，日本加入《联合国海洋法公约》，开始主张以钓鱼岛为划分大陆架与专属经济区的基点。该年 7 月和 9 月"日本青年社"两次登上钓鱼岛设置灯塔，并试图让灯塔列于海图；8 月右翼团体"尖阁列岛防卫协会"在岛上竖起一块长 3 米、宽 2 米画有太阳旗的木制牌；与此同时，桥本龙太郎内阁外相池田行彦宣称："'尖阁列岛'是日本固有领土，不存在与中国的领土纠纷问题。"1998 年 5 月，日本众议员西村真悟登岛进行所谓"行政考察"和"慰灵祭"活动；1999 年 9 月 5 日，3 名日本右翼团体成员登上钓鱼岛更换灯塔电池；2000 年 4 月 20 日右翼分子在钓鱼岛上建了一座神社；2003 年 8 月又有右翼团体成员登上钓鱼岛。2005 年 2 月，小泉纯一郎内阁时期趁中国举国过除夕之际，宣布钓鱼岛设置的灯塔"收归国有"，并把 18 名日本国民的户籍登记在钓鱼岛上。

从以上罗列的事实可以看出，日方企图将中方提出的"搁置争议"单方面曲解为"间接放弃"；中国政府对日本右翼损害中国主权的行动及时提出了严正交涉抗议，指出中方决不承认和接受日方的所谓"实际控制"、迫使日方表示日本政府并不认可右翼分子的有关行动，并将设法防止类似事件再次发生。

**2. 日本媒体和舆论误导国民对钓鱼岛主权史实的正确认识**

根据笔者的相关研究，[①] 这一轮的钓鱼岛领土主权问题升级的起点

---

① 详见朱凤岚《中日东海争端及其解决的前景》，载《当代亚太》2005 年第 7 期，第 1 - 14 页。

应该追溯到 2004 年。是年 5 月 28 日，《东京新闻》刊载的一篇报道称，"中国正在开采的'春晓'天然油气田群距离日本主张的'中间线'只有 5 公里，与 1998 年建成投产的'平湖'油田相比，向日本方向推进了 65 公里"，并惊呼"中国的油气田会像吸管一样，把原属日本的油气资源吸走挖空"、"应密切关注中国向东海扩张的动向"。一时间，《产经新闻》、《朝日新闻》和《读卖新闻》等日本有影响的媒体都把关注点聚焦东海海域，且无一例外地指责中国"企图独占东海海底资源"，要求政府"加强危机意识，从根本上调整海洋战略，必须采取断然措施应对中国在东海海域开采油气事件，捍卫日本的海洋权益"。在日方媒体和舆论的大肆炒作下，中日东海问题迅速上升到官方层面，而东海争端问题中最敏感的钓鱼岛主权归属问题再一次被推到风口浪尖。

2012 年 4 月，石原慎太郎公布东京都"购买钓鱼岛"方案后，日本主流媒体和舆论不辨识钓鱼岛领土主权之所归属，而是本末倒置大肆辩论采取哪种方式购买更为妥帖。《朝日新闻》率先对"国有化"政策喝彩叫好，在野田首相还没有正式宣布"国有化"决定之前，该报就发表评论称：如果是国家购岛，还说得过去。在野田内阁决定购岛之后，该报又发表社论"劝导"中国从长远看，（国家购岛）对中国也是有利的，简单的道理是与其让右翼政客石原借题闹事，不如由日本国中央政府管理来得更为和平和稳定。日本媒体的这种舆论误导，显然是在钓鱼岛不存在主权争端问题的前提下推演的，其危害是进一步分散了日本民众对钓鱼岛主权存在争端的事实辨识能力。

在日本 9 月 11 日"购岛"之后，面对中国政府和各地民众的强烈反应，日本主流媒体每天都用大量篇幅报道有多少中国海监船与多少渔船入侵日本领土和领海；每天不厌其烦地单方面报道日本厂商如何受中国"暴民"欺压。为了吸引观众，日本媒体总是把自己塑造成受害者，刻意突出"反日"群众"暴徒化"的行为，而对于中国国内民众缘何如此愤怒、激烈抗议的事实真相缺乏背景解释和说明。《读卖新闻》的社论把中国反日游行归咎于"爱国主义教育"，《东京新闻》更是"警告"中国："利用爱国意识煽动反日是十分危险的，从大局着眼，也不符合中国领导层的利益。"《东京新闻》的一篇专栏文章还进一步指出："如果不把反日情绪镇静下来，（中国）自己也会被自己培育出来的怪物从内部腐蚀与破坏。中国领导层对这种恐怖后果应该是十分清楚的。"

日本媒体对钓鱼岛主权争端事实不分青红皂白大肆渲染和误导，诱发日本民众对中国产生了极大的厌恶情绪。日本经济新闻驻华记者森安健在接受英国《金融时报》采访时表示：日本人几乎都认为，这一轮中日关系的紧张情绪，全是因中国人而起。日本媒体不断将时局描述成攸关生死的议题，误导两国民众情感对立。① 而国民之间的感情对立和相互不信任，必将会严重影响两国关系的正常发展。

**3. 日本外交误判中方对"购岛"的激烈反应**

2012 年是中日邦交正常化 40 周年，但日本却在钓鱼岛主权问题上悍然越过中日双方长期以来默认的立场底线，使钓鱼岛主权陷入战后以来最为严重的危机。我们可以透过日本在钓鱼岛主权争端问题上的几个关键性动作，来检验一下日本是如何有计划按步骤地挑起这场危机的。

2012 年 4 月 17 日，东京都知事石原慎太郎在华盛顿发表演说时透露，东京都正在推进购买"尖阁列岛"的计划。石原慎太郎选择在这一天在美国宣布此事，可谓用心良苦。因为，1996 年的这一天，是日美两国重新定义同盟关系——日本首相桥本龙太郎与美国总统克林顿签署《日美安保条约》的日子，也是日美安保条约由两国的双边协定质变为共同关注与防卫"周边事务"、将两国的假想敌苏联转变为中国的重要里程碑。

7 月 7 日，是中日关系史上一个甚为敏感的日子——1937 年的这一天日本挑起"卢沟桥事变"发动全面侵华战争，在日本政界一向有"7

---

① 根据日本内阁府 2012 年 11 月 24 日公布的《有关外交的舆论调查》结果，对中国"没有好感"的日本人高达 80.6%，与 2011 年同期调查相比增加了 9.2 个百分点，创下 20 世纪 70 年代开始此项调查以来的新高。详见 http://www.oushinet.com/172 – 2787 – 203512.aspx，引用时间：2012 年 11 月 26 日。

月 7 日涉及日中关系的发言要慎重"的说法。但是为了争夺钓鱼岛主权，日本首相野田佳彦全然不顾这个敏感日子，在地震灾区福岛县会见记者团时，一方面表示日中之间不存在领土争端问题，另一方面宣布中央政府已经做出"购买钓鱼岛"（即"国有化"）的决定。

2012 年 9 月 11 日，野田佳彦与钓鱼岛的"私人岛主"签署"购岛"合约，而一般人都知道，这一天是美国纽约世贸中心遭受恐怖分子袭击导致严重伤亡的日子。当然，对于日本来说，正是利用"9·11"反恐名义，通过了诸多为自卫队松绑的政策和法令，为此"9·11"也成为战后日本军队借船出海、走出国门的重要日子。

选择这样三个与军事行动密切相关的时间点（小泉纯一郎执政时期，曾在 2005 年中国人的除夕之夜，宣布用国库资金租用钓鱼岛），这样的选择是有意安排，还是历史巧合？恐怕只有当事人心中最为清楚。但是，从东京都知事与日本首相主演的这幕"购买钓鱼岛"双簧剧的结果来推测，不能不说日本地方政府与中央政府在把钓鱼岛主权合法化为本国领土的"默契配合"。然而，这种超常规的做法显然是太过低估了中国政府和国民捍卫钓鱼岛的决心与意志。

第一，中国政府与有关部门使用了比以往任何时候都甚为严厉的言词进行了回应。2012 年 4 月 17 日，中国外交部发言人刘为民表示，"日本对钓鱼岛及其附属岛屿采取任何单方面举措都是非法和无效的，都不能改变这些岛屿属于中国的事实。"7 月 7 日，刘为民说："钓鱼岛及其附属岛屿自古以来就是中国的固有领土，中方对此拥有无可争辩的历史和法理依据。中国的神圣领土绝不允许任何人拿来买卖。中国政府将继续采取必要措施坚决维护对钓鱼岛及其附属岛屿的主权。"9 月 10 日，温家宝总理在外交学院讲话时表示："中国政府和人民比任何人都珍惜来之不易的国家主权和民族尊严，即使在极其艰难的情况下，也是铮铮铁骨。钓鱼岛是中国的固有领土，在主权和领土问题上，中国政府和人民绝不会退让半步。"同一天，外交部长杨洁篪召见日本大使提出强烈抗议，外交部发表声明称，"中国政府不会坐视领土主权受到侵犯，如果日方一意孤行，由此造成的一切严重后果只能由日方承担。"

9月11日，国防部新闻发言人耿雁生表示："日本近年以种种借口扩充军备，频频制造地区紧张局势，接连在钓鱼岛问题上制造事端，值得亚洲近邻和国际社会高度警惕。"10月11日，外交部发言人洪磊在记者会上就日本外相玄叶光一郎提出中国出版的《世界地图册》问题时说："在涉及国家领土主权如此重大严肃的问题上，用一些支离破碎的材料来佐证自己的立场，只能证明日本从未合法拥有过对钓鱼岛的主权。关于日本利用甲午战争窃取钓鱼岛的历史经纬，中日两国学者都做过翔实严谨的论述，日本自己的官方史料也可以构成明白无误的旁证，日方对此视而不见、避而不提，反而为日本在历史上通过战争手段进行侵略扩张张目，这完全是'强盗逻辑'。"①

第二，相关部门陆续完成了捍卫钓鱼岛主权的法律手续。9月10日，中国政府公布钓鱼岛及其附属岛屿的领海基线；9月11日，国家海洋局印发《领海基点保护范围选划与保护办法》；9月13日，中国向联合国秘书长交存领海基点基线坐标表和海图；9月15日，国家海洋局公布钓鱼岛及其部分附属岛屿的标准地名和地理坐标；9月16日，中国决定提交东海部分海域二百海里以外大陆架划界案，自然延伸到琉球群岛海槽。9月25日，国务院新闻办发表《钓鱼岛是中国的固有领土》白皮书，详细披露了日本吞并琉球群岛、台湾岛、钓鱼岛的历史过程。

第三，中国海监以实际行动实现常态化巡航钓鱼岛附近海域。2012年9月11日，中国海监46和海监49船抵达钓鱼岛附近海域巡航，展开宣示主权行动。9月14日，中国海监50、15、26、27船和中国海监51、66船，抵达钓鱼岛及其附属海域，进行维权巡航执法。10月3日，为应对日本右翼势力陆续闯入钓鱼岛海域，中国海监50、15、26、27船开始往钓鱼岛毗连区巡航宣示主权。2012年9月18日、24日、25日，10月2日、3日、25日、28日、30日，11月2日、3日、4日、

---

① 《中方：日本断章取义支撑钓鱼岛立场是强盗逻辑》，http://news.qq.com/a/20121011/001726.htm，引用时间：2012年11月29日。

20 日，中国海监船连续驶入钓鱼岛领海进行例行维权巡航，并对监视的日本巡逻舰实行驱离措施。

　　第四，中国军方进行多次联合演习，海军编队多次穿越冲绳群岛。2012 年 9 月，中国四大军区、东海舰队相继开展海上军事演习，特别是南京军区在全军举行首个为期 20 多天的海陆空三军联合作战实兵演习，重点是两栖攻击和登陆训练。其间，即使遭遇台风，演习也没停止。济南军区某部在黄海一个无人岛上，演练侦察兵登岛对抗等一系列特战技能。广州军区在东南沿海某地域，展开了实兵自主对抗演练，主题是"登陆和反登陆"。① 10 月，中国海军舰艇编队多次经过冲绳海域，从太平洋进入东海海域。11 月 28 日，中国海军舰艇编队分批通过宫古海峡，进入西太平洋海域，开展例行性训练，以向世人宣示中国军队有能力、有信心保卫钓鱼岛。

　　第五，中日高层互访、人员交流乃至经济合作项目全面中断；中国内地、港台澳以及海外华人分别举行声势浩大的示威游行，高唱国歌，抵制日货，抗议日本政府收购钓鱼岛。企业家陈光标更是在美国《纽约时报》用中文和英文刊登半版广告，申明钓鱼岛属于中国，并且呼吁美国政府和各界人士谴责日本的挑衅行为。

　　日本右翼势力以及日本政府之所以会低估钓鱼岛"国有化"的严重性和中国政府、民众乃至海外华人华侨坚决保卫钓鱼岛的决心，其根本原因就在于不承认近代以来日本对外侵略扩张的历史事实，缺乏对侵略战争的反省和负罪感，不懂得尊重他国的民族尊严和民众感情，而仅仅把钓鱼岛简单地理解为领土主权归属问题。然而，对中国而言，钓鱼岛是在日本发动对华侵略扩张的甲午战争中窃取的，日本战败投降时同意放弃先前以武力或贪欲所攫取的全部土地，钓鱼岛理所当然是其中的一部分。因此，这一领土主权争端直接关系到中国等亚洲国家当年横遭日本铁蹄蹂躏的悲情，直接关系到日本能否反省长达半个世纪的侵略扩

---

① 《环球人物：中国军方警告日本（3）》，http://world.people.com.cn/n/2012/0925/c14549 - 19101487 - 3.html，引用时间：2012 年 11 月 30 日。

张罪行，直接关系到日本是否接受第二次世界大战无条件投降的结局。①

## 第三节　美国因素与钓鱼岛主权危机的走向

尽管日本在钓鱼岛主权问题上的"国有化"行动遭到了中方的强烈抗议和坚决反制，但是，一个不得不承认的事实是，钓鱼岛的管辖权已经由"私有"转移到了日本政府，这是一种主权领有地位的根本性质的变化。这一变化的结果将是，再过若干年后，日本在钓鱼岛上驻军、建港口或设置灯塔等设施，即都是符合日本国内相关法律的。这就意味着，如果再发生外部海船进入界内事件，日本则可以根据国内法律将其升级为等同日本国境线内的入侵行动，那时候，日本将会行使不是驱逐而是悍然击沉的权利。有鉴于钓鱼岛"国有化"带来的这些重大后果，中方绝不会任由发展、坐视不动。

钓鱼岛如果作为一种单纯的领土主权归属问题引发的"危机"，应该不会持续太久。但是，如前所述，钓鱼岛主权问题的根源在于日本的殖民侵略以及美国的模糊偏袒，它所关涉的民族感情和复杂关系已经远远超过该座小岛本身。国际争端理论认为，争端涉及的因素越多，妥协的回旋余地就会越小，解决的难度则会越大。鉴于钓鱼岛主权争端的复杂性，此"问题"绝非短期内能解决，未来走向具有极强的不确定性。而这种不确定性主要取决于中日两国的政策取向和实际行动，当然还与美国因素有关。

**1. 日本在钓鱼岛主权归属问题上对中国妥协的可能性几乎为零，中日在东海海域保持紧张对峙将成为一种常态**

从岛国日本的生存环境看，日本自古以来视土地为生命。看一看日本的地理地形，不难想象隐藏于日本国民心中的"狭隘的领土意识"。

① 《新华国际时评：日本政府在进行一场危险的赌博》，http://news.xinhuanet.com/world/2012-09/10/c_113026584.htm，引用时间：2012年11月29日。

一个四面环海，陆地领土面积大致与中国云南省相当，且山岳地带占国土四分之三的岛国，却生活着 1.2 亿人口。由于人口拥挤、国土狭小，再加上争强好胜的国民性格，可以说每一个日本人都在为确保自身的领地而努力挣扎和奋斗着。

这种"狭隘的领土意识"，曾经"鞭策"日本在近代向周边大举侵略扩张，也由此导致日本与三大邻国都存在岛屿主权争端。从历史上看，北方四岛在很长时期内曾经被日本所占有，但美国以劝说苏联对日开战为条件，答应待日本投降后将北方四岛划归苏联，是年 8 月，日本宣布无条件投降，苏联占领了北方四岛。但在 1951 年 9 月日美签署的《旧金山和约》中，美国在北方四岛问题上故意采取了暧昧的表述方法，以使日苏关系持续恶化，从中牵制。而日本与韩国之间的竹岛（独岛），日本称在 1905 年便编入岛根县。但是由于日本战败，韩国民众在 1952 年用武力赶走岛上驻扎的日本人，开始实际控制该岛至今。据统计，在 1952 年至 1965 年韩日实现邦交正常化的 13 年间，共有 328 艘日本渔船被韩国扣押，3929 名日本人被扣留，其中死亡 44 人，1965 年以后，此类事件才有所好转。日本在现存的三大领土争端中，唯有对钓鱼岛进行着"实际控制"，占据着主动，这也是日本在钓鱼岛主权问题上异常强硬的心理分析。在此情形下，如果想劝说日本把已经控制着的钓鱼岛拱手交托出来，哪怕是稍稍妥协一点，恐怕都比登天还难。

为此，中国要想改变被日本实际控制钓鱼岛的现状，只有两条路可走：要么采取强硬策略，发动一场小规模战争进行武力夺岛；要么采取迂回策略，不理会日本而全力游说美国。前者要等到中国真正成为亚洲霸权，获得亚洲的主导地位，突袭钓鱼岛成功，夺回该岛主权。不过，这样做也有很大风险，即使完全成功夺回钓鱼岛，将来如何守住也会是个大问题，因为日本肯定不会善罢甘休。而后者尽管不容易做到但是可行的，因为之前中国曾积累了在黄岩岛主权争端的经验，即通过美国向菲律宾施压，缓解了菲律宾方面的国际行动。不过，日本又毕竟不同于菲律宾，同时美国在钓鱼岛问题上的存在度也不同于黄岩岛（无论中国承认与否，某种程度上，钓鱼岛实际上是日美共同协防的目标），中国要劝说美国说服日本放弃对钓鱼岛的实际控制，需要惊人的智慧与善巧。

**2. 短期内钓鱼岛主权危机暂缓，但不排除未来一段时间内发生局部或全面冲突**

钓鱼岛领土主权问题无论对中国还是对日本都已经成为双边关系的重要议题。本次钓鱼岛主权危机正好发生在中日两国政权更迭交替的时间节点上，也就是说，两国在未能化解钓鱼岛危机的情况下，先后进行领导人改选，这意味着解决钓鱼岛问题要由双方的新领导层来处理。中国国家主席习近平在出席中央军委扩大会议时强调，"坚决把国家主权和安全放在第一位，坚持军事斗争准备的龙头地位不动摇，全面提高信息化条件下威慑和实战能力，坚决维护国家主权、安全、发展利益。"①展现了中国新一代领导集体捍卫国家领土主权的决心。

另一方面，从日本角度看，日本政府的图谋是永久性实效占领钓鱼岛，这次日本政府将钓鱼岛的管辖权从个人手中接过来，实质是为其一贯主张的"实效取得领土原则"做铺垫，也是变非法为合法的一种重要手续。国际法上的所谓"实效原则"，其客体既不是指本国的固有领土，也不是以先占原则占领的无主地，而是指别国领土；取得的主体必须是国家，而非个人或地方政府。如果一国政府对别国领土通过和平、稳定、有效而不间断地占领和管辖，倘若50年未遇到有效反对，在国际法上它拥有这块土地的理由就很充分。应该看到，日本政府无论谁执政，都会将"国有化"贯彻到底，因为唯有此才能以"实效原则"达到永久占领，而这是石原慎太郎等个人或是地方政府无法办到的。

目前，日本国内大选进程已经进入白热化，主要政党的选举纲领陆续公布，其共性都是要强化维护领土主权。2012年9月在自民党总裁选举中获胜的安倍晋三是自民党右派的代表性人物。对于这次大选，安倍已经将其定位为"重建日本经济和外交防卫的选举"。尽管选举尚未进行，但安倍的表现似乎给人一种已夺回了政权的感觉。安倍晋三曾经

---

① 《胡锦涛习近平出席中央军委扩大会议发表重要讲话》，http://politics.people.cn/n/2012/1118/c1024 - 19611678.html，引用时间：2012年11月27日。

在 2006 年 9 月小泉纯一郎首相下台后成为首相，那时候，他高举"美丽的日本"这杆大旗，发誓要进行修改和平宪法等"宏图大志"，但是，没等完成志愿，便在一年后因身体原因辞职了。因此，很明显，如果这次他能再次获得政权，定会如法炮制之前的做法。具体到钓鱼岛问题，安倍的立场向来异常强硬，他一直主张"中日之间不存在领土问题"。2012 年 10 月 17 日，安倍在会见美国副国务卿伯恩斯时称，"绝对不会向中国退让一毫米的土地"，并希望伯恩斯把他的这一想法准确地转告给中国方面。① 11 月 29 日，安倍在东京街头演说表示，为强化对钓鱼岛的防卫，有必要将海上自卫队的退役军舰移交给海上保安厅作为巡视船使用，同时将海上自卫队预备役自卫队编入海上保安厅，以强化应对突发事件的能力。②

除自民党的安倍晋三以外，刚刚组建日本维新会的石原慎太郎也表示要参与竞选并发表了竞选纲领，宣称将把钓鱼岛主权问题交由国际法院裁决。不过，石原认为自己没有把握获胜。石原是日本"国有化"钓鱼岛的始作俑者，对中国甚为傲慢和蔑视，尽管他无望获取政权，但其"反复无常"的暴走个性，会促使他仍义无反顾地推行鹰派做法。此外，日本维新会代表、大阪市长桥下彻也扬言，"冲绳县警察应该驻守钓鱼岛，修建船舶码头，（日本政府）真是太没出息了。"

总之，日本无论今后哪个党派执政，无论谁上台把握政权，都会在钓鱼岛主权问题上采取强硬立场。也可以想见，中日之间在钓鱼岛主权问题上相互强硬、敌视的势能积累到一定程度，将极有可能发生局部乃至全面冲突。

**3. 从日本的国家战略发展取向和地区关系来看，日本借助钓鱼岛问题，进一步加强日美同盟关系的可能性非常大**

日美同盟关系原本在 2009 年日本民主党上台后遇到了巨大的内在挑

---

① 《安倍称决不向中国让 1 毫米土地 吁美国倾向日本》，http：//world. huanqiu. com/exclusive/2012 - 10/3190740. html，引用时间：2012 年 11 月 29 日。

② 《日本大选首场辩论　野田舌战安倍 钓鱼岛成焦点》，http：//news. 0898. net/n/2012/1130/c231187 - 17793400. html，引用时间：2012 年 12 月 1 日。

战，但随着近年来东亚安全形势的深刻变化以及美国战略重心向亚太地区转移，特别是通过 2010 年的天安舰事件、延坪岛炮击事件、中日钓鱼岛撞船事件以及 2011 年的 "3·11" 东日本大震灾等，日美两国关系得到了修复和改善。2012 年 4 月，日美发表题为 "面向未来的共同蓝图" 的联合声明，确认美日两国将加强防卫合作，并具体落实 2010 年日本制定的新《防卫计划大纲》提出的构筑 "动态防卫力" 和美国重视亚太地区的新国防战略。日本共同社认为，日美发表的联合声明意图在于牵制在军事领域不断崛起的中国，深化日美同盟以维护亚太地区的稳定与繁荣。① 在钓鱼岛问题上，日本敢于采取主动挑衅中国的姿态，就是认为背后有美国撑腰，认为美国对中国的遏制战略长期不会改变，甚至认为可以借助钓鱼岛问题，构筑更紧密的日美同盟关系。以至于石原慎太郎竟狂妄到可以在《华尔街日报》刊载广告称 "如果不支持挑战中国的亚洲各国，美国将失去整个太平洋"。② 从历史上美国对钓鱼岛问题的介入和利用，到现实美国对钓鱼岛 "国有化" 举措的偏袒，中国要想顺利改变日本实际控制钓鱼岛的现状，主客观上不得不受制于日美同盟关系的影响。

总之，在钓鱼岛主权问题上，中国的态度愈强硬，日本也必然会以同样强硬的态度进行反击。中日两国之间这样无休止地恶性循环对峙下去，不但会使来之不易的双边正常关系遭到重创，而且会大大损耗两国的人力物力财力。"和则利，斗则伤"，这虽然是老生常谈，但是，鉴于在近期和将来一段时期内中国解决钓鱼岛问题面临的巨大困难，笔者认为，外交手段仍然是解决钓鱼岛争端的优先途径。中方应主动从中日双边外交谈判中探寻突破口，特别是应把东海问题磋商机制作为可能处理钓鱼岛争端的重要平台。此外，如何进一步加强对钓鱼岛主权更有效的法律保护和持续维权行动、争取在钓鱼岛主权争端中减少无端损耗、变被动应对为灵活出击，仍是中国应进一步考虑的问题。

---

① 《日美首脑会谈并发表联合声明 确认深化日美同盟》，http：//china. kyodonews. jp/news/ 2012/05/29497. html，引用时间：2012 年 11 月 30 日。
② 《东京都因购买尖阁在美国报纸登载广告寻求支持和理解》，http：//headlines. yohoo. co. jp/ hl？ a = 20120728 - 00000015 - jij - i，引用时间：2012 年 11 月 30 日。

# 第十章　黄岩岛对峙与中国海上安全政策的转向

张　洁[*]

　　2012 年，中国在黄岩岛对峙和钓鱼岛争端中，采取多种手段积极维护主权，与以往形成了鲜明对比，被称之为维权的"黄岩岛模式"。这种模式是偶发形成的还是累积质变的，是暂时的还是会成为中国维权的主要政策？为了满足日益增长的国家利益需求，中国又应该如何制定本国的海洋大战略呢？

　　黄岩岛对峙是中国与菲律宾在中沙群岛进行的一次围绕岛礁主权归属的维权活动。通过非军事性对抗，中国实现了对黄岩岛及其附近水域的实际控制，改变了在中沙群岛长期维权不力的局面。而在钓鱼岛争端中，中国继续采取这种积极作为的政策，力图实现对钓鱼岛及其附近海域的常态化行政执法。未来，中国将会继续运用多种手段保护海上权益，并争取创造维权的有利态势，而为了实现这一目标，中国必须尽快制定全局性的海洋安全战略。

## 第一节　黄岩岛对峙的四大特征

　　2012 年 4 月 11 日，菲律宾军舰"德尔皮拉尔"号拦截了在黄岩岛附近作业的中国渔船，企图抓扣中国渔民。正在附近定期巡航的中国海监 84、75 船编队闻讯后，及时赶到事发地点，制止了菲律宾的非法行

---

　　* 　张洁　中国社会科学院亚太与全球战略研究院，副研究员。

为。随后，中菲两国双方不断更换和增派船只在此海域进行维权，形成对峙，事件一直持续到 6 月初才告一段落。

在近年的中国海上争端中，黄岩岛对峙是持续时间长、对抗手段多、影响深远的一次摩擦。中菲两国都不是有预谋地挑起对峙，但是，中国有效地利用这一机会，通过外交、经济、行政等多种维权手段的组合运用，改变了过去菲律宾长期实际控制中沙群岛的局面，实现了对中沙群岛的有效行政管理。

## 一 黄岩岛对峙的特征

分析这次对峙，有四个特征尤其值得关注：

第一，对峙发生在中沙群岛。

强调这一地理特征至少有三重含义。首先，黄岩岛是中沙群岛唯一露出水面的岛礁，是争端国家对中沙群岛及其附属权益提出主权声索的重要法理基础，因此该岛具有重要的战略价值。其次，不同于南沙争端涉及六国七方的复杂局面，只有中国和菲律宾对中沙群岛提出主权声索，这部分可以解释其他东盟国家为何集体失声，不公开支持菲律宾。再次，对峙发生在黄岩岛，意味着南海问题的扩大化。这是因为，中国政府始终只承认南沙群岛及其附属权益存在争议，西沙群岛和中沙群岛都不在争议范围内。而菲律宾除了 2009 年签署《领海基线法》，将黄岩岛划入其领土之外，从 1999 年以来，黄岩岛长期没有出现规模较大的摩擦。因此，这次对峙的发生及其后续菲律宾仍然在国际上对黄岩岛提出主权要求，表明南海问题扩大到中沙群岛，并会长期凸显。

第二，黄岩岛至今处于无人居住状态。

虽然中菲双方都对黄岩岛提出了主权要求，但均未实际占有并进行移民。这意味着，对峙双方可以采取多种手段夺取对岛礁的实际控制，尤其是对于进攻一方来说，战术选择的空间更大。这是因为，如果岛礁有人居住，那么两国的攻防导致驻岛人员死伤的可能性会增加，将大大提高为夺岛而付出的国家形象和国际舆论的成本。因而，这也是中国在新一轮钓鱼岛争端中要求日本坚持"三不原则"（一是不登岛，二是不在岛上进行任何资源或环境的调查，三是不在岛上建任何建筑、维持钓鱼岛无人居住状态）的重要原因。

第三，形成据点对峙。

这次对峙包括中菲两国在外交、贸易、行政执法等领域的"斗法"，尤其突出的是两国执法船只和渔船在黄岩岛及附属海域的直接对抗。这种在地理空间上的、直接的据点对峙，在近年来的中国海上争端中属于为数不多的特例。在近年南沙争端中，更常见的是，抓扣渔船或渔民等形式的摩擦在短时间内发生并结束，之后双方的"战场"就转移到了在外交、经济或法理等领域方面的隔空对仗。以岛礁为据点的对峙，不仅持续时间长，而且突发性事件的可能性也大大增加，因而引起更多的国际关注，影响力更大。就这一特征来说，黄岩岛对峙在近年发生的中国海上争端中具有一定的独特性。

第四，对抗性强，表现在对峙的时间长、执法的手段多样化。

中菲两国的执法船只在黄岩岛附近海域的直接对峙持续近两个月，从 2012 年 4 月开始，到 6 月份结束。之后，菲律宾在香格里拉会议、东盟地区论坛以及 11 月初的亚欧首脑会议中，仍然不断挑起黄岩岛话题，试图给中国施加外交压力。

在维权方面，中国和菲律宾在短时间内密集采取了多种手段，这在近年的南海问题中是不多见的。菲律宾先后派出了军舰、海岸警卫队、环境监测船等前往黄岩岛，阿基诺三世政府利用双边与多边会谈，争取国际支持，在与美国举行的外长与防长的 2 + 2 对话中，竭力说服美国为其提供安全保障，并利用东盟地区论坛等机会，拉拢周边国家在南海问题上对抗中国。在法理方面，菲律宾正式称黄岩岛为"帕纳塔格礁"，还试图将黄岩岛问题提交国际法庭。此外，菲侨组织了"全球性"的反华游行，中菲黑客互黑了对方国家的网站。

中国在对峙中也采取了积极应对措施，打出了一系列有力的组合拳。包括渔政与海监部门进行的定期巡航执法，行政船只护渔护航，在中沙海域实行"休渔令"等。中国民间组织了抵制赴菲律宾旅游等。在外交领域，中国也利用各种手段说服周边国家支持中国的立场。与过去几年相比，中国的政策具有连贯性和一致性，明确表达了维护主权的坚定意志。

表1　中菲双方的主要维权手段

| | 中　国 | 菲律宾 |
|---|---|---|
| 外　交 | 抗议；召见大使；争取周边国家的支持 | 抗议；与美国2+2会谈；接受日本、韩国等援助；争取东盟等国家的支持 |
| 行政管理 | 渔政、海监的行政执法与护渔；发布"休渔令" | 出动海岸警卫队、海洋环境监测船 |
| 法理斗争 | | 将黄岩岛改名为"帕纳塔格礁" |
| 经济制裁 | 抵制赴菲旅游 | |
| 军　事 | | 派出军舰 |
| 民　间 | 黑客活动 | 菲侨抗议、黑客活动 |

通过上述分析可以看到，在中国近年来的海上争端中，黄岩岛对峙具有突出特征。需要强调的是，黄岩岛对峙不是一个孤立事件，其维权模式在2012年9月份开始的钓鱼岛争端中得到延续。这说明中国在海上维权方面发出了清晰的信号，表明了维权立场的坚定性，政策具有一致性和连贯性，这标志着中国的海上安全政策发生了根本性改变，即由韬光养晦转为积极作为。

## 二　黄岩岛对峙的意义

黄岩岛对峙作为中国成功维权的一次尝试，具有重要的意义。

第一，中国实现了对中沙群岛的实际控制。九段线内的南海海域由东沙群岛、西沙群岛、中沙群岛和南沙群岛组成。其中，东沙群岛由中国台湾地区控制和管理，西沙群岛由中国大陆管理，中沙群岛长期处于菲律宾的实际控制下，南沙群岛则被多个国家占据。

通过这次黄岩岛对峙，中国恢复了对中沙群岛的实际控制，虽然存在菲律宾反扑的可能性，但是鉴于国家实力的差距，形势逆转的可能性不大。这意味着，未来南海问题将集中于对南沙群岛的争端上，这是有利于今后中国处理南海问题的。当然，中国仍然需要面对来自菲律宾关于黄岩岛的外压，但在实际控制方面，中国占据有利地位。

第二，多重维权手段的首次成功演练。对于中国南海问题的管理，长期存在"九龙闹海"的说法，意即管理南海事务的职能管理部门虽多，但缺乏有效合作和协调，没有形成维权的有效力量。但是在黄岩岛对峙中，中国的海监与渔政等行政执法部门相互配合，外交抗议与经济制裁相得益彰，都为中国实施挤压战术，取得阶段性胜利做出了贡献，这是对中国海上维权能力的一次有效检验，也成为中国海上维权力量整合的良好开端。

第三，对其他争端国家构成一定威慑作用。南海问题不可能在一夜之间解决，短期内也不会出现各方都能接受的一揽子解决方案。黄岩岛事件后，中国与其他声索国之间的矛盾已经表面化，不再存在"恢复"到冲突前的所谓"稳定现状"的可能性。因此，争端各方都在努力"造势"。① 中国通过具有连贯性、一致性和持续性的维权行动，取得了在黄岩岛海域的阶段性胜利。并且，在9月份开始的钓鱼岛争端中，中国继续采取积极作为的政策，这就向外界发出了明确的信号，在一定程度上遏制了争端国家两边下注的投机心态。

## 第二节　中国海上安全政策转变的渐进性与必然性

黄岩岛对峙的发生是偶然的还是有预谋的？为什么中国会采取积极作为的政策处理海上争端问题？这种政策会一直延续吗？

本报告认为，黄岩岛对峙的发生具有一定的偶然性，当菲律宾军舰试图抓扣中国渔民时，恰好中国海监船只在附近海域巡航，因此能够及时赶到黄岩岛海域，阻止菲律宾军舰抓捕我渔民，从而形成了对峙。

但是，这种偶然性中含有必然性，正是因为中国在南海海域开展了

---

① 叶海林：《钓鱼岛事件对中国南海维权斗争的影响》，广东智库论坛之《全球格局变化中的海洋战略》，2012年11月10日。

定期巡航，正是因为中国海监船近年来的性能得到了很大的提升，所以能够及时赶到事发地点，阻止了菲律宾军舰的肆意妄为。更为重要的是，正是因为中国行政执法的意识有了很大提高，故而在物质力量和意志方面有了长期性的准备，能够对突发事件及时做出反应。因此，不变的是菲律宾长期在中沙群岛抓捕中国渔民的"非法"行为，变化的是中国维权实力和意志得到了很大的提升，中国的海上安全政策在经过渐变性累积后，转向了积极作为。

## 一　中国海上安全政策转变的渐进性

长期以来，中国政府在南海问题上主张"主权在我、搁置争议、共同开发"，这一政策在一定程度上维护了南海地区的和平与稳定。但是，中国的主权也受到很大的侵犯，在南沙群岛，中国的岛礁被侵占，油气资源被掠夺，中国渔民不能去传统的南海渔场作业，根据统计，中国在南海海域出海的船只和捕鱼量都出现了大幅下降（详见下表）。

**表 2　中国在南海海域获得渔业资源**

单位：只，万吨

| 年　　份 | 1994 | 2010 | 2011 |
|---|---|---|---|
| 出海船只 | 1000 | 400 | 233 |
| 捕 鱼 量 | | 4.4 | 2.6 |

数据来源：2011 年赴海南省调研的数据。

2008 年国际金融危机后，随着中国国家实力的增长，周边国家加紧通过行政、立法等手段巩固在南海的既得利益，加快军备建设步伐，并试图利用美国重返亚太之际，拉美国介入南海事务，将南海问题国际化，从而与中国形成抗衡。

为了应对这种新形势，满足中国日益增长的海外利益的安全需求，中国的海上安全政策逐渐出现了变化，如果将 2008 年到 2012 年作为研究时段，大致可以划分为韬光养晦期（2008—2009 年）、政策摇摆期（2010—2011 年）和积极作为期（2012 年）。

韬光养晦期（2008—2009 年）。中国长期在南海问题上执行韬光养晦的外交政策，随着周边国家变本加厉地侵犯中国的海洋权益，这种政策已经无法满足中国稳定周边环境的外交需求。2008 年，为了避免引起相关国家的强烈反对，中国政府临时取消了建立三沙市的计划，而在其后的几年内，越南、菲律宾等国却通过行政、立法手段，不断加强对已占有岛屿的实际管理和控制。2008 年 "6·27" 事件后，中国执法部门对周边国家渔民在西沙等海域的非法作业只驱逐，不抓捕，大大降低了执法威慑力。在摸清中国政策底线的情况下，越南、菲律宾等国的侵渔侵权行为日益猖獗。

政策摇摆期（2010—2011 年）。这一时期，中国往往是在海上争端发生的初期态度强硬，但不久后就开始采取各种措施，试图缓和与争端国的紧张关系，从而使得政策缺乏连贯性，立场模糊，无法对周边国家构成有效威慑。

2010 年，中国的 GDP 总量首次超过日本，位居全球第二，亚洲第一。2010 年，中国提出了 "南海核心利益说"，即南海属于中国的核心利益，这一说法虽然未经中国官方的正式确认，但是至今都被国际社会认为这反映了中国在南海问题上的强硬立场。[1] 2011 年 5 月份，中国渔政船割断了在南海非法作业的越南船只的电缆线，这一冲突引发了河内连续十周的反华游行。同年年底，又发生了钓鱼岛撞船事件，中国态度强硬迫使日方释放了中国船长。

但是，另一方面，中国仍然采取柔性外交，与东盟签署了《南海各方行为宣言》，表达了和平解决南海问题的意愿。尤其是在 2011 年 9 月份以后，中越高层互访频繁，并签署了《关于指导解决中华人民共和国和越南社会主义共和国海上问题基本原则协议》等文件。虽然这些举措缓和了紧张的双边关系，但是却抵消了前一时期中国采取强硬态度对争端国产生的威慑力，其结果是周边国家更加肆无忌惮地在南海侵

---

① 参见张洁《南海争端与中国周边安全环境》，载张洁、杨丹志主编《中国周边安全形势评估（2011）》，社会科学文献出版社，2011，第 78-81 页。

犯中国的合法利益。尤其是越南，采取两面下注的手段，与中国和谈的同时，加紧与印度的油气开发、与美国的军事访问等。

积极作为期（2012年）。2012年是中国海上安全政策的分水岭，中国的政策连续一致，采取了积极维护主权的措施。不仅在黄岩岛问题上，而且在9月初开始不断白热化的钓鱼岛争端中，中国很好地打出了维权的"组合拳"。同年，三沙市宣布正式成立，统筹管理西沙、中沙和南沙的行政事务；中海油两次发布在南海海域的油气开发招标；中国的第一艘航母"辽宁号"也正式服役，等等。这些在行政、立法、经济、军事、外交等领域采取的维权活动，传递出了鲜明的信号，表明中国将改变过去息事宁人的做法，采取更加积极有为的外交政策。

表3 2008—2012年中国海上政策的分期与主要事件

| 2008—2009年 | 韬光养晦期 | 2008年取消三沙市建市计划<br>2008年"6·27"事件：消极执法 |
| --- | --- | --- |
| 2010—2011年 | 政策摇摆期 | 2010年南海核心利益说<br>2010年钓鱼岛撞船事件<br>2011年中越割电缆事件 |
| | | 2011年中国—东盟签署DOC行动指针<br>2011年中越达成海上问题基本原则协议 |
| 2012年 | 政策转折期 | 黄岩岛对峙<br>钓鱼岛事件<br>中海油在南海争议区招标<br>三沙市成立<br>"辽宁舰"航母正式服役 |

## 二 中国海上安全政策转变的必然性

从中国自身来说，随着经济的发展，保护本国海外人员的安全、能源与重要战略物资的海上运输安全等都需要中国加强海上力量的建设，这种需求具有内在合理性，并不意味着中国会对地区和国际造成"威胁"。但是，周边国家却在近年加紧了在南海的非法侵占活动，而美国也试图重返亚太，对中国形成遏制之势。形势逼人，这迫使中国积极作为，维护本国利益和安全成为必然。

关于周边国家的非法侵占活动和美国重返亚太对中国周边安全环境的影响，已经有很多论述。本报告想要强调的是，在领土领海争端中，维护主权是中国海上安全政策的首要目标，此外，维护海上通道安全，加强中国海外投射能力，也是中国需求扩展的必然要求。因此，中国采取积极作为的政策具有其内在必然性。

中国海上实力建设的加强，则为中国的积极作为政策提供了有力的物质保障。目前，中国海上行政执法力量主要包括国家海洋局所属的海监总队，农业部所属的渔政船只，以及交通部管辖的海事船只等，其中海监船和渔政船在近年的维权活动中，发挥的作用尤为突出。

例如：中国海监总队成立于1998年，截至2012年9月，中国海监总队约有队员1万人以及船艇300多艘、海监飞机9架，其中排水量在1000吨以上的船艇28艘。① 在海洋维权执法工作方面，2006年经国务院批准，中国海监开始在我国管辖海域内开展定期巡航。目前，每天保持9艘海监船、3架海监飞机，24小时不间断在我国管辖海域进行巡视。但是，目前中国海监北海总队、东海总队、南海总队所配备的海上执法船舶，一半属于20世纪70年代所装备的船只，整体吨位小、数量少，更无法满足每千平方公里海域内配备一艘的要求，中国计划在未来5年内建造36艘海洋执法船。根据报道，在2012年10月，"中国海监8002"作为全国在建的36艘维权海监船中第一艘，正式下水。这是中国首艘千吨级海监船，续航能力不小于5000海里，将会成为中国海监执法巡视公务船的新象征。

2012年11月，中国国家主席胡锦涛在中共十八大报告中指出，"提高海洋资源开发能力，发展海洋经济，保护海洋生态环境，坚决维护国家海洋权益，建设海洋强国。"② 这意味着，中国从陆地大国转变

---

① 孙铁翔、罗沙：《中国海监装备怎么样？》，人民网，2012年9月17日，参见 http：//scitech. people. com. cn/n/2012/0917/c1007 - 19024295. html。
② 胡锦涛：《坚定不移沿着中国特色社会主义道路前进，为全面建成小康社会而奋斗》，2012年11月8日。

为海洋强国已经上升为国策，作为海洋强国，中国将在开发海洋、利用海洋、保护海洋、管控海洋方面加强实力综合性建设，而对海上维权，则是上述目标实现的前提。

## 第三节　黄岩岛模式与中国海洋安全战略的制定

海上争端将是未来影响中国周边安全环境最主要的因素。鉴于黄岩岛对峙中的成功维权，学者们试图在战术层面总结和概括出"黄岩岛模式"，以期运用于今后的维权活动中。同时，更重要和急迫的是，中国必须制定自己的海洋安全战略，从国家战略的高度，为今后海洋争端的处理和解决确定目标、原则和方法等，从而向海洋强国迈进。

### 一　黄岩岛模式是否存在

在黄岩岛对峙和钓鱼岛争端中，中国逐步形成了明确的政策目标和战术运用体系。那么，这些在对峙中的实战经验，是否能够形成一种模式？这种模式是否会成为今后中国海上维权的主要战术选择呢？

对此，国内外已经开始了一些研究，并将其定义为"黄岩岛模式"。《联合早报》撰文指出，该模式存在上中下三策可以选择，其区别在于是否选择武力以及战略意志的强弱不同。[1] 有些学者则从战术角度总结，认为黄岩岛模式是中国为保护自己的海洋权益，采取的以现场执法为主、外交手段为辅（以经济手段策应）、军事手段为后盾的行为。主要是改变过去的以外交抗议为主的解决手段。也有学者将"黄岩岛模式"归纳为，中国利用甚至催生偶然性海上争端，借机将冲突扩大化，主要通过经济压力，辅之以军事威慑，逐步在争端海域造成对中国有利的态势，扩大中国海上力量的相应存在，直至实现对争端地域的实际控制。简单而言，即是凭借实力的挤压政策，是对之前数年中国奉行多年的韬光养晦策略的修正。这种观点认为中国的主动作为是目前

---

[1]　"黄岩岛模式"，（新加坡）《联合早报》2012年6月27日。

南海态势改变的主要原因。①

上述几种观点的共同点在于：（1）强调维权的非军事化特征，即不以武力为解决争端的主要手段；（2）强调多样化维权手段的配合运用，不再单纯以外交手段为主；（3）强调中国在处理争端中的积极态势；（4）维权的目标不仅是平息争端，而是努力将态势向有利我方转变。本报告认为，积极作为的主动维权意识和多样化维权手段的使用是"黄岩岛模式"的核心，这一点形成于黄岩岛对峙中，在钓鱼岛争端中得到很好实践。军事威慑是中国维权的有力保障，但武力手段不应成为处理争端的手段。

此外，黄岩岛和钓鱼岛的一个共性是，属于无人居住岛屿。而众所周知，在南沙群岛，主要岛礁已经被争端国家瓜分，并不断进行了移民和经济开发。因此，"黄岩岛模式"是否适用于南沙问题的解决，尤其是在不使用武力的情况下，如何通过"挤压"手段，改变中国维权不利的现状，仍然是一个值得研究的问题。

"黄岩岛模式"在黄岩岛对峙中形成并在钓鱼岛争端中得到了很好的实践。但这是一种自下而上、非预先性、在实践中逐步形成的，仍需要不断完善。这一模式是否能够在今后得到充分运用，取决于中国的实力建设，更取决于中国的战略意志。

战略意志取决于国家的战略目标，是否要发展成为一个海洋强国，取决于对海洋安全在国家战略中的定位，等等。应该说，"黄岩岛模式"是一种维权的战术选择，而非战略。从长期而言，战术的成功运用，必须有战略作为指导，因此，中国迫切需要制定国家海洋安全战略。

## 二　关于中国海洋安全战略的几点思考

对海上争端的处理已经不仅是领土领海问题的解决，而且直接影响

① 叶海林：《钓鱼岛事件对中国南海维权斗争的影响》，广东智库论坛之《全球格局变化中的海洋战略》，2012 年 11 月 10 日。

到中国是否能够实现崛起，以及选择何种崛起路径。中国需要以立法形式确认对海洋主权的界定，海洋在国家发展中的地位，以及实施海洋战略的路径选择等问题。

**1. 明确主权范围**

中国政府长期主张"主权在我，搁置争议、共同开发"，其中，主权在我是基本原则，但是，在南海问题上，"九段线"的法律地位至今没有得到明确，外界将之称为中国的模糊政策。

主权明确领土领海边界及其附属的权益，是中国进行主权声索，以及执法维权的根本依据。长期执行模糊政策，将会产生双重负面效应。一方面，从2009年以来，"九段线"已经成为"中国威胁论"的重要佐证，也引发了周边国家的疑虑和恐慌，为美国介入南海问题提供了借口。另一方面，"九段线"地位不明，国内民众怀有不切实际的主张，加大了政府政策选择的压力，长此以往，中国内部与外部的压力不断增加，中国政策选择的空间会进一步被压缩，更重要的是，界限与权利主张不明，会直接导致职能部门的维权执法的混乱，损害中国的国家利益。

**2. 顶层设计中国海上安全战略实施机制**

由于历史原因，中国对于海上争端问题的管理，长期处于多部委管理，却群龙无首的现状，缺乏有效的指挥与协调机制，尤其是危机处理机制。

随着海上安全对中国国家安全重要性的提升，应建立关于海洋事务的中央工作小组同时推动现有海洋管理机构和力量的整合与重构，形成有效合力，共同维护国家利益。

**3. 确立海洋安全在国家战略中的地位，处理好维权与维稳的关系**

海洋安全应该被置于国内政治与国际关系的大局中通盘考虑。海上争端已经成为中国与周边国家关系最主要的问题，而一个良好的周边环境是实现中国崛起的重要保障。那么，为了维持周边稳定，是否一定要放弃中国的维权行动呢？这涉及如何处理好威权与维稳的关系。

过去一个时期，为了维持与周边国家的关系稳定，中国在一定程度上放弃了在争议海域的维权。但事实是，周边国家没有见好就收，反而变本加厉，不仅中国的合法权益受损，而且海上争端也未得到搁置，却大有愈演愈烈之势。

目前，随着国内民族主义情绪的上升，维稳不仅是维护周边环境的稳定，更是维护国内政局的稳定。一定意义上，只有实现对领土领海的维权，才能实现国内的稳定。同时，黄岩岛对峙和钓鱼岛争端也说明，只有积极维权，保持政策的连贯性与一致性，才能对争端国家形成威慑，遏制其采取过激行动，重新以对话的方式处理争端，维持地区和平。

# 第十一章　韩日岛屿争端与美国东亚同盟体系的困境

## 李成日 *

　　韩国总统李明博引发的"登岛风波"迅速恶化了日韩关系，导致两国金融、军事领域的合作暂停，并且使美国的亚太军事同盟体系出现裂痕。韩日领土争端发生武装冲突的可能性较小，但受国内外因素决定，将会长期存在，并出现阶段性紧张局势。

　　2012 年 8 月 10 日，韩国总统李明博突然登上韩日之间存有争议的独岛，并进行了视察，这一举动引发日本的强烈抗议，韩日关系急速冷却。这一事件不仅影响到韩日两国关系，同中日钓鱼岛争端相连，更加激化了东亚地区海洋领土争端的矛盾。独岛问题既是领土主权问题，又跟历史问题和海洋权益缠绕在一起，而且牵涉到美国的重返亚太与战略再平衡，从而深刻影响了韩日关系和东亚国际形势。

## 第一节　韩日领土争端的由来及沿革

　　独岛是韩国的称谓，日本称竹岛，又称利扬库尔岩（以下称独岛），是由东、西两个小岛及周围 30 多块岩礁构成，总面积为 0.18km²，为钓鱼岛的 1/37。其地理位置为北纬 37°14′26.8″，东经 131°52′10.4″。独岛与韩国东海岸距离为 216.8km，与韩国的郁陵岛

---

　　*　李成日　中国社会科学院亚太与全球战略研究院，博士。

87.4km，离日本岛根县 212km，而与日本隐岐岛距离 157.5km。独岛是个无人居住的岛屿，但其周围有广大范围的专属经济区的渔业权，加上韩日两国的历史认识问题，围绕独岛主权的归属争端，第二次世界大战结束以来一直困扰着韩日两国关系。

**1. 1945 年第二次世界大战结束以前**

韩国政府对独岛领有权的主张，根据韩国外交通商部①和东北亚历史财团独岛研究所的网站②上所表明的内容，《三国史记》（512 年）、《世宗实录·地理志》（1454 年）、《新增东国与地胜览》（1531 年）等都有关于独岛的记载。1900 年 10 月，大韩帝国高宗发布《敕令第 41号》：第一条"郁陵岛"改称为"郁岛"，附属于江原道，"岛监"改正为"郡守"，并编入官制中。第二条：其管辖区域包括"郁陵全岛"和"竹岛"、"石岛"。1906 年石岛改称为独岛。韩国认为，日本 1905年通过内阁决议及"岛根县告示"将独岛编入其领土，是日本对韩国的侵略行为，并主张独岛是其最初的牺牲品。1904 年 2 月，日本发动日俄战争之后，强迫大韩帝国政府签订《韩日议定书》，在韩国常驻日军。8 月又一次强制签订《韩日协约》，日本监督韩国的外交和财政，把韩国"保护国化"。1905 年 1 月，日本内阁会议决定命名"竹岛"之时，大韩帝国的国权实际上已经被日本掠夺。

日本对独岛问题的有关主张，根据外务省及其网站上发布的内容③，在历史上日本曾经把独岛称为"松岛"。依据 1779 年制作的《改正日本舆地路程全图》，自古以来认识到其存在，并否认韩国自古以来就认识独岛的依据。17 世纪末，日本主张虽然禁止渡航郁陵岛，始终未禁止对独岛的渡航。1904 年 8 月，日俄战争中，日本政府为了侦察在朝鲜半岛东海岸的俄罗斯军舰活动，在郁陵岛和独岛设置了军事用望

---

① 韩国外交通商部：《韩国政府对独岛的基本立场》（http：//dokdo. mofat. go. kr/，引用日期：2012 年 10 月 30 日）。

② 韩国东北亚历史财团：《日本所不认识的独岛的十种真实》，2011 年 11 月（http：//www. dokdohistory. com，引用日期：2012 年 10 月 30 日）。

③ 〔日〕外务省：《理解竹岛问题的十个要点》，2008 年（http：//www. mofa. go. jp/mofaj/ar-ea/takeshima/index. html，引用日期：2012 年 10 月 30 日）。

楼。1905 年 1 月，日本内阁根据"无住之地先占原则"宣布为日本所有，为鸟根县隐岐岛司所管。同年 2 月，鸟根县知事发布告示第 40 号，宣布将该岛命名为"竹岛"。1906 年 3 月，岛根县事务官赴独岛调查并告知朝鲜的郁陵君守沈兴泽，"日本已拥有对竹岛的领有权"。在沈兴泽的报告书中否认了日本拥有独岛的主权，当时《大韩每日申报》（1906 年 5 月 1 日）和《皇城新闻》（1906 年 5 月 9 日）刊登了此事，并抗议了日本的行为。但是此时，大韩帝国已经被日本掠夺了外交权，即使抗议，也难改变现况。之后，自从 1910 年日本强制兼合并韩国一直到 1945 年日本战败投降，独岛之争暂时没有发生，也不可能存在。

**2. 二战结束到 1965 年韩日邦交正常化**

1945 年 8 月，日本宣布无条件投降，独岛由美国直接占领。1946 年 1 月，盟军总司令部（GHQ）发布的《有关从政治和行政上分离日本若干周边区域的决定书》（通称"SCAPIN 第 677 号"）第 3 条明确规定把独岛（利扬库尔岩，Liancourt Rocks）移交驻韩美军政府管辖，此时独岛不属于日本的管辖和行政范围内。同年 6 月，在《有关被日本的渔业及捕鲸业认可区域的觉书》（通称"SCAPIN 第 1003 号"）第 3 项中又进一步规定："今后日本的船舶及乘务员不得接近独岛 12 海里以内区域，并且对于同岛不得进行任何形式的接近"（通称"麦克阿瑟线"）。韩国认为，这两份决定书的有关规定就是对独岛主权归属的一种明示。但是，日本认为 GHQ 的指令是对日本的行政占领，并不具备对日本领土处分的权限。后来 1951 年 9 月签署的《旧金山和约》第二章第二条（甲）中只规定，"日本承认韩国之独立，并放弃对朝鲜包括济州岛、巨文岛及郁陵岛在内的一切权利、权利根据与要求"。对《旧金山和约》里没有明确提到独岛的归属，日本提出"列举论"，主张在《旧金山和约》中没有把独岛列举为韩国领土，是因为美国认为独岛不属于韩国的领土。对此，韩国却主张"例示论"，强调《旧金山和约》只列举了代表性地名，而不可能都列出韩国全部岛屿的名称。

1952 年 1 月 18 日，在 4 月 28 日《旧金山和约》生效之前，韩国总统李承晚发布了"关于毗连海域主权的总统声明"（韩国称"和平线"，日本称"李承晚线"），宣布对邻接其领土半岛和岛屿沿岸的大陆架及所属范围的全部海域行使国家主权，并明确规定经纬度坐标，把独岛划归为韩国的领海管辖。在此后的 1 月 28 日，日本政府向韩国宣布的"李承晚线"提出抗议，是韩国政府违背了国际法，是属于非法占有，从而引发了两国之间长达数十年以上的领土纷争。

1953 年 5 月，日本趁朝鲜战争仍在酣战之际，曾派兵一度占领了该岛，并在岛上建立了领土标志碑。同年 7 月 12 日，洪淳七所领导的"独岛义勇守备队"开赴独岛，将日本军人赶走，并坚守至 1956 年韩国海洋警察守备队接管独岛，从而独岛完全在韩国的实际控制之下。根据统计，从 1952 年"李承晚线"划定后到 1965 年韩日邦交正常化之前，被韩国抓捕的日本渔船达 328 艘，遭拘押的日本渔民多达 3929 人，丧生者亦有 44 人。

1954 年 9 月 25 日，日本政府向韩国建议将此岛提交海牙国际法庭审理领土争端，被韩国政府拒绝。1962 年 3 月，日本外相小坂善太郎向韩国外长崔德新提出建议，把独岛问题委托国际法庭处理，再次遭到韩方拒绝。1954 年以来，日本政府每年都向韩国政府递交外交抗议文件，共计 50 多次，指出独岛是日本领土，要求韩国必须立即撤出该岛。韩日双方各执一词，一直针锋相对。

### 3. 韩日邦交正常化以后到 20 世纪 90 年代末

1965 年 6 月，日韩两国实现了邦交关系正常化，两国一致同意"日韩两国的所有纷争，首先要通过外交途径解决，若外交途径不能解决，就通过两国政府认可的手段进行调解解决"。因此，日本政府提出与韩国就独岛纷争进行对话，但韩国始终不容置疑地认为，"独岛自古以来是韩国领土，这个问题不能作为两国纷争进行对话"。之后，在一段时间内独岛问题没有被提及，两国之间相对处于一种"忘却状态"。

随着世界各国日趋重视开发和利用海洋资源，日本开始在独岛问题上提出主权主张。从 1977 年起时任日本首相福田赳夫、安倍晋太郎等政府高官公开表示"日本对竹岛拥有主权"。1977 年 7 月日本宣布 12 海里领海，1978 年 4 月韩国也随即宣布了 12 海里领海。当时，独岛周边 12 海里领域内已经出现了大量的日本渔船，引发了安全捕捞的问题。5 月 8 日，韩国动用直升机散发传单，要求日本渔船退居，并派出了巡视船。对此，日本向韩国提出了强烈的抗议。由此，韩日之间爆发了独岛领有权的争论，两国关系也一波三折。结果，韩日两国政府各自表明自己的主张，分离运营安全捕捞和主权归属问题，而且韩国政府事实上默认独岛周边 3 海里到 12 海里水域内日本渔船的捕捞。

1982 年《联合国海洋法公约》对世界范围内各国的领海划分有了新的规定，即 200 海里排他性专属经济水域，并规定了其权利和义务，该公约于 1994 年 11 月 16 日正式生效。之后，日韩两国相继宣布批准施行海洋法公约，而且都主张以独岛为基点划出 200 海里的专属经济区。由于双方都将独岛包括在内，而且韩日之间的海域不足 400 海里，造成相互管辖海域重叠，由此独岛领有权问题重新被提起，其争议就不可避免。1998 年 1 月 23 日，日本首先单方面宣布废除 1965 年签订的《韩日渔业协定》。当时韩国正面临东亚金融危机的困扰，不得不考虑当时的经济形势。结果，同年 11 月 28 日，韩日两国签订了《新韩日渔业协定》，该协定规定，将独岛及其周边水域化为"中间水域"，"中间水域"由韩日渔业共同委员会所管理，并把韩国的郁陵岛和日本的隐岐岛作为起点，从而分离了独岛主权归属问题和专属经济区的设定。根据该协定，独岛虽然位于韩日两国之间的"中间水域"，但更接近于韩方一侧。尽管如此，韩日两国对独岛领有权的争端和"中间水域"的划分纠缠在一起，从而使独岛争端演变成为一场巨大的海洋权益之争。

## 第二节 "登岛风波"与新一轮独岛争端

### 1. 独岛争端日益白热化

进入 21 世纪以后，尤其是最近几年，韩日独岛争端引起国际社会的广泛关注，两国关于独岛争端亦达到白热化。2005 年 2 月 23 日，日本岛根县议会提出把 2 月 22 日定为"竹岛日"，据称这是纪念 1905 年日本发表"岛根县告示" 100 周年而设立的。3 月 16 日通过了该条例，由此引发了韩国各地的激烈的抗议活动。3 月 17 日韩国政府当即发表声明，将日方的"竹岛日"条例看作是对韩国的"第二次侵略"，韩国庆尚北道同岛根县断绝友好城市关系，还将 10 月定为"独岛月"。4 月 5 日，日本文部省公布历史教科书的审定结果，教科书中宣称日本对独岛拥有主权。对此，韩国总统卢武铉发表《关于韩日关系告全国国民特别讲话》，表明韩国政府的强硬立场。中日钓鱼岛争端和韩日独岛争端虽然有所不同，但从 2005 年 2 月日本岛根县议会设定"独岛日"，2012 年 4 月东京都知事石原慎太郎宣布"购买钓鱼岛"等事实中可以看到，这些领土争端都反映了冷战后日本国内政治右倾化的总趋势。

2006 年 4 月，日本内阁官房长官安倍晋三宣布，日本海上保安厅从当日开始勘测独岛周边水域。韩国方面随即向日本提出严重抗议，召回驻日大使，并派出海洋警察厅执法船赴独岛海域巡逻。同月 22 日，韩国和日本的外交代表谈判达成妥协，日本同意停止实施勘测计划。但此次"独岛危机"严重影响了两国关系。

2008 年 7 月，日本文部科学省宣布将在 2012 年度使用的中学"新学习指导纲领"社会科解说书中，写入"竹岛为日本固有领土"，引起了韩国政府的强烈抗议和韩国人的反日示威，韩国政府当即就召唤了驻日大使。随后韩日自由贸易协定（FTA）交涉再开协议也无限期延期。7 月 29 日时任韩国国务总理韩升洙乘坐直升机登上独岛视察，"以此表明独岛自古以来就是韩国领土的一部分"，同月 30 日韩国在独岛进行了海空军事演习。2009 年 7 月 17 日，日本内阁会议通过了该年度防卫白皮书。该白皮书称："日本固有领土竹岛领土问题，仍处在未解决状态。"对此，韩国国防部表示严重抗议，并要求日本立即予以纠正。

在韩国社会，历史问题仍然是对日关系上的敏感问题。2007 年美国众议院曾通过决议要求日本就战争慰安妇问题道歉，但当时日本首相安倍晋三采取了否认态度。2011 年，韩国在联合国大会上提出了慰安妇问题，而日本却主张该问题已经得到彻底解决。2012 年野田政府则要求韩国首先认可日本的行为，然后再谈解决问题。就这样，韩日之间围绕独岛问题和历史认识问题仍然存在重大意见分歧，韩日之间的矛盾也日益白热化。

**2. 登岛引起了巨大"风波"**

2008 年 2 月韩国总统李明博上台以后，采取亲美、亲日倾向和对朝强硬政策。这导致了 2009 年朝鲜的第二次核试验、2010 年"天安号事件"和"延坪岛炮击"等南北关系的紧张，促使韩日关系更加密切，美国也积极推动美日韩三国军事合作机制的构筑。与此相反，围绕独岛问题，韩日之间的矛盾越来越深刻。2010 年 3 月 30 日，日本文部科学省审议通过了将于 2011 年启用的历史教科书，将独岛记述为"属于日本岛根县的竹岛"，或"用国境线划入日本领土范围内"。对此，韩国外交通商部召见日本驻韩大使重家俊范表示遗憾，并提出抗议。10 月韩国郁陵郡政府宣布，将向访问独岛的游客发放"独岛名誉居民证"，遭到日方的反对。2011 年 8 月 1 日，日本自民党的新藤义孝、稻田朋美及佐藤正久三名国会议员前往韩国郁陵岛访问，在首尔金浦机场被韩国政府以《入境管理法》中"禁止可能危害国家利益和公共安全者入境"的规定拒绝入境。之前在 7 月 30 日，日本的独岛研究代表学者下条正男也在仁川机场遭韩国拒绝入境。

2012 年 6 月 29 日，韩国政府即将同日本签署《军事情报保护协定》（GSOMIA）的事情被曝光，引起韩国舆论大哗，反对声音强烈而异常高涨。受到国内舆论的重大压力，韩国政府决定推迟该协定的签署，并中断韩日之间《物资劳务相互提供协定》草案的协商。韩国总统李明博也不得不接受时任总统安全首席秘书官的亲信金泰孝的辞职，从而试图麻木舆论的压力。而且，使得奉行"实用主义政策"的李明博总统也不得不转向对日强硬。8 月 10 日，韩国总统李明博在海、陆、空三军的戒备保护下突然登上了独岛，并进行了视察，李明博就成为自1948 年韩国建国以来首位登上该岛的国家元首。目前对李明博总统的"登岛"意图及评价也议论纷纷①。

---

① 〔韩〕李勉雨：《是否欢迎李明博总统的独岛访问?》，《世宗评论》，韩国世宗研究所，2012 年 8 月 13 日。

首先，从韩国对抗日本最近陆续提出并加强独岛领有权主张的角度上，日本的《防卫白皮书》和《外交蓝皮书》及历史教科书都明确提出独岛领有权，对此，韩国国内对日不满情绪日益高涨，希望借鉴俄罗斯的对日行动方式，从而也提到了韩国总统的独岛访问之事。

其次，从国内政治状况来看，独岛问题、历史认识问题等韩日关系的种种悬案往往被利用到各自的国内政治问题上。另外，由于李明博总统在任期末期所出现的权力衰落现象、亲信的政治资金问题等，作为恢复和提高总统的支持率和人气度的一环，故而采取强行登岛。8 月 20 日，美国舆论调查公司盖洛普调查数据显示，登岛后的李明博总统的支持率上升 9 个百分点，达到了 34%。

最后，与国家领导人的领导能力密切相关，李明博总统希望留下"历史记录"，并作为其重要行动动机，也想成为访问独岛的首位总统。李明博总统登岛访问后，韩国庆尚北道政府 8 月 19 日上午在独岛的东岛望洋台举行"守护独岛标志石碑"揭牌仪式。碑石前面和后面分别用韩语刻有"独岛"和"大韩民国"字样。韩国总统李明博亲自写了刻在石碑上的字句并在碑上落款，以总统名义刻的碑石被设置在独岛也是第一次。

在独岛问题上，朝鲜也在新闻报道中经常提及并表明立场。无论从历史上、地理上还是国际法角度而言，其一贯坚持"独岛是其固有领土"的立场。最近，朝鲜出版了有关独岛问题的研究，其中代表性的研究，有金恩泽著的《朝鲜的领土》（平壤，朝鲜外文出版社 2009 年版）和《从古地图上看独岛》（平壤出版社 2010 年版）。2012 年 9 月，日本就对抗韩国总统李明博的登岛，在独岛周边空海上日本海上自卫队直升机进行了飞行训练，还企图单独把独岛问题向国际法庭提出诉讼，对此，朝鲜中央通讯社发表社论，强烈谴责日本的行为①。从此可以看出，围绕独岛问题南北朝鲜的立场基本上是一致的。

---

① 朝鲜中央通信社：《危险千万的侵略独岛企图》，2012 年 10 月 23 日（http://www.kcna.kp/，引用日期：2012 年 10 月 30 日）。

## 第三节　独岛之争对美国东北亚同盟体系的影响

### 1. 韩日关系急速恶化

8月14日，李明博总统又表示，"日本天皇若想访韩，有必要为殖民历史道歉"，立刻引起日本的强烈抗议。17日，日本首相野田佳彦给李明博总统转达了抗议信，韩方不顾外交礼仪，拒绝接受来信并退回。21日，日本进一步向韩国政府提议，就独岛主权归属问题到国际法庭进行裁决，对此韩国予以拒绝。24日，野田作为现任首相在1977年福田赳夫首相发言时隔35年之后明确发言，"韩国非法占有独岛"，当天日本国会众议院全体会议表决通过了决议，谴责韩国总统李明博访问独岛。由此，独岛问题引起了韩日两国关系的急速恶化，并同中日钓鱼岛争端一起，围绕日本出现了东亚地区海洋领土争端的紧张局势。

10月9日，日本财务省和韩国企划财政部及韩国中央银行分别在东京和首尔宣布，两国共同决定2011年签署的货币互换协议扩大措施将如期终止，不再延长。之前8月，围绕韩日独岛争端，当时日本的财务大臣安住淳表示要以终止日韩货币互换协议扩大措施作为制裁手段。对此，尽管日本财务大臣城岛光力表示，此举不具备政治色彩，是"纯粹基于经济和金融层面作出的判断"，但是一些媒体报道，终止的主要原因是由于独岛问题而导致了两国关系的恶化。

10月23日，韩国国会国防委员会所属的15名国会议员又访问了独岛，这也是国防委员会继2005年和2008年访问之后的第三次访问。对此，日本官房长官腾村修在当天的记者招待会上表示"非常遗憾"，而且日本外务省的外务事务次官河相周夫向驻日韩国大使申珏秀表示了抗议。10月28日，韩国国土海洋部国土地理情报院，对独岛的东岛和西岛各自命名为"于山峰"和"大韩峰"。同时期，日本共同通信社对日本的47个县议会进行了舆论调查，结果，79%的37个县议会在领土争端问题上对韩国或中国要求日本中央政府采取强硬对应。另外，韩日之间的《军事情报保护协定》也随之失去了动力，一时难以再次提到议程上。从而可以看出，李明博总统登岛"风波"以后，围绕独岛问题韩日关系日趋紧张，在短期内难以改善。

**2. 美国的东亚联盟战略面临"两难境地"**

第二次世界大战结束后初期，美国对日本采取了严格的遏制政策。但是 1949 年到 1950 年期间，东亚地区发生了巨大变化，即新中国的成立、中苏同盟的结成、朝鲜战争爆发等，在这种背景下，美国开始调整东亚政策，尤其在对日政策上，从遏制政策逐步转向为扶植政策。1949 年 12 月，美国国家安全委员会制定了第 48/1 号和 48/2 号文件，正式把日本列入在东亚遏制共产主义的"防卫体系"。从 1947 年 3 月到 1949 年 11 月，美国国务部曾把独岛与济州岛、巨文岛、郁陵岛一起划为日本所要放弃的领土范围内。但是 1949 年 12 月，美国国务部驻日政治顾问西博尔德（W. J. Sebald）提出主张把独岛看成日本领土的报告之后，美国所制作的《旧金山和约》的初稿上首次把独岛划归为日本。到了 1951 年 5 月，美国最终对独岛的归属没有明确规定为韩国或日本的领土，从而给韩日两国领土争端埋下了火种。当时美国深陷朝鲜战争，对于自己远东地区的两个重要盟国韩国和日本间的纷争，又不惜立即摆出仲裁者的身份①。1951 年 9 月，美国同日本签订《美日安全保障条约》，结成了日美军事同盟。1953 年 11 月，美国还同韩国签订了《美韩共同防卫条约》，结成了美韩军事同盟。因此，围绕独岛问题美国一直采取中立政策，而且至今美国没有明确表态。

2011 年 11 月，奥巴马政府宣布美国的外交政策将实现"战略转折"，更加重视亚太地区的政治和军事的存在，尤其是东北亚地区和东南亚地区。韩日两国都是美国在东亚地区的重要同盟，美国并不希望韩日关系恶化，希望通过和平方式解决领土争端。2012 年 8 月，美国前

---

① 陈刚华：《韩日独岛（竹岛）之争与美国的关系》，《学术探索》2008 年第 4 期，第 45 页。

副国务卿理查德·阿米蒂奇和哈佛大学名誉教授约瑟夫·奈完成第三次报告，题为《美日联盟——做亚洲稳定的靠山》①。报告建议，韩日两国要缩小对历史认识的差异，不要鼓吹国粹主义感情，应该优先考虑共同的战略课题，更加注重考虑中国的崛起和朝鲜的好战性。

可以看出，美国面临"两难境地"，不愿在独岛问题上支持日本或韩国任何一方。8月23日，美国国务部发言人维多利亚·纽兰在例行记者招待会上表示，韩日间发生纷争对美国来说是一件"不太舒坦"的事情，并重申"希望两国通过对话和平解决有关问题（独岛主权）"。9月4日，韩国军方取消了登陆独岛的军事演习，据说也反映了美国的立场。美国出于战略考虑一直希望韩美日加强军事同盟以牵制中国。美国并不着眼于独岛这个小岛归谁所有，更多考量不能因为岛屿之争而影响了其盟国间的关系，更不能影响美国的战略利益。因此，独岛问题不仅是韩日之间的领土主权问题，而且与美国重返亚太的战略利益息息相关。

### 3. 东亚地区合作将处于困境

中日韩三国是东亚地区的核心国家，因此三国的合作是非常重要的。由于该地区复杂的地缘、政治和历史因素，任何一个小小的争议都会引发区域国家介入的连锁反应。韩日之间的岛屿主权争议给东北亚局势丢下了一枚深水炸弹。在东亚国家之间，由于存在着像独岛、钓鱼岛争端这样的矛盾，导致国家间的不信任，很难达成一种有效合作，所以东北亚地区的合作进程裹足不前。对于领土争端，比较现实的做法是建立一种危机管控机制，确保不发生武装冲突，并建立国家间的畅通的对话渠道。东北亚和平稳定，有赖于中日韩三国的良性交互。如果韩日关系和中日关系发生龃龉，必然影响区域政情走势。

2012年5月，第五次中日韩领导人会议在北京举行，三国领导人认识到中日韩建立自贸区将会促进三国经济增长与繁荣，表明支持三国

---

① http://csis.org/files/publication/120810_ Armitage_ USJapanAlliance_ Web.pdf（引用日期：2012年10月20日）。

经贸部长关于年内启动中日韩自贸区（FTA）谈判的建议，在第三次务实谈判上将完成2012年11月三国领导人宣布启动FTA谈判所需要的有关行政程序的事先协商。8月21日，为落实第五次中日韩领导人会议关于年内启动三国自贸区谈判的共识，三国代表团在青岛举行了中日韩自贸区第二次磋商会议，协商启动谈判的准备工作。9月27日，启动与中日韩自由贸易协定谈判有关的第三次磋商会议在首尔举行，预定年内开始中日韩自由贸易协定正式谈判，这意味着中日韩FTA谈判启动已经到了"临门一脚"的地步。但是，由于下半年以来，先后发生钓鱼岛、独岛主权争端，中日韩关系紧张，三国FTA正式谈判能否如期进行令人担忧。

目前，日本同中、韩、俄三个国家都发生了领土争端，四面楚歌。中日、韩日之间的紧张局势持续发酵，中日韩三国的自由贸易协定将成为东亚地区合作的"试金石"。

## 第四节　岛屿争端与东亚的合作前景

独岛问题既是领土主权问题，而且也同历史认识问题和经济利益（海洋权益）结合在一起，综合影响着韩日关系。但考虑到国内外种种因素，两国之间很难发生武力冲突。这是因为，首先，韩日两国都希望避免发生武力冲突，尽力有效管控危机，尤其是韩国希望避免独岛问题的"国际化"；其次，韩日两国政府都希望控制两国内部的民族主义情绪的高涨，尤其是日本政府担心韩日之间所存在的不幸历史，避免过度刺激韩国强烈的民族感情；再次，日本在美国的东亚战略和日美同盟关系上，始终考虑对朝鲜半岛南部地区的非共产政权韩国给予政治上的支持，而且美国也不会支持韩日两国以武力方式解决领土问题；最后，独岛本身的资源价值非常有限，唯一重要的问题是渔业资源，但年捕捞量也不过400吨左右。而且独岛不位于重要的海上通道上，面积狭窄，难以建立军事基地，因此其战略价值也并不高。但是，韩日两国国内政治以及周边地缘政治环境决定了独岛问题的解决必将是一个曲折而漫长的过程。

目前，韩国在独岛常年派驻海洋警察，同时配置了军舰、快艇、直升机，并已开始在独岛兴建码头。而日本政府自1954年以来每年都要向韩国政府递交备忘录，指出独岛是日本领土，韩国必须立即撤出该岛。日本方面多次建议将该岛争议提交海牙国际法庭裁决，但韩国认为"独岛问题已不是外交纠纷问题，而是主权问题"，以主权问题不容谈判为理由予以断然拒绝。从对独岛问题关心度来看，与韩国相比，日本国民对独岛归属问题并不十分关心，然而日本的一部分人对该问题反应十分激烈，尤其是一些右翼政治家强烈要求日本政府"收复竹岛"。至今尚未发现独岛的经济水域内是否拥有石油等海底资源，因此目前最大的问题是渔业权。日韩渔业的交涉由于独岛问题被搁置。

韩日两国同时作为美国的盟友，也使美国在岛屿的归属问题上处于一个微妙的位置。而韩国正是利用这一背景，同时也利用日本战后初期最无力的时机，直接占领并控制了独岛，在不可能轻易发动战争和国际法庭以实际控制为裁决领土争端主导因素的现代国际环境中占尽了优势。独岛问题既是外交问题，更是两国国内棘手的政治问题。到目前为止，两国政府都在独岛问题上采取强硬立场，以至于双方一时难以达成共识，找到解决问题的有效方法。因此，韩日独岛主权争端难以在短期内得到解决，但是也很难扩大到武力冲突。

# 第十二章　澜沧江—湄公河水资源争端与中国睦邻政策

李志斐

　　2010 年湄公河流域大旱引发了中国与湄公河五国的水资源争端。此次水资源争端使中国的周边安全环境受到影响，中国"水威胁论"和"大坝威胁论"甚嚣尘上，同时美日等区域外大国紧紧抓住此次争端，加快在湄公河地区的势力拓展步伐，不断挤压中国在东南亚地区的战略空间。基于维护中国周边安全的需要，中国应主动采取对策，在战略层面上推动与湄公河国家的区域合作；在机制层面上，与湄公河国家联合构建合作与协商机制，从而有效预防与和平解决水争端问题的产生与发展。

　　作为世界上跨国界河流丰富的国家之一，中国近些年为大力发展地方经济，对跨国界河流的境内部分进行了适度开发利用，却引起了一些周边国家的争议和担忧，尤其是在澜沧江—湄公河流域。2010 年湄公河流域大旱引发了中国与湄公河国家的水资源争端。一些湄公河国家将湄公河水位下降和区域干旱归咎于中国在澜沧江段修建水坝，认为中国的水资源开发已经威胁到了湄公河国家的生存与发展安全。虽然科学证明湄公河大旱与中国在境内的水资源开发无关，但此次水资源争端的后续效应对中国的周边安全产生了重要的影响，如何认知这些影响及如何应对是未来中国构筑稳定周边安全环境的关键。本章将从以下三部分深刻阐释澜沧江—湄公河水资源争端的内容、影响和未来中国应采取的应对之策。

## 第一节　中国与湄公河国家之间的水资源争端现状

澜沧江—湄公河发源于中国青海省唐古拉山脉，南流至云南省南腊河口出境，在中国境内被称为澜沧江，出境后被称为湄公河，在越南胡志明市以南注入太平洋。澜沧江—湄公河全长约 4880 公里，连接着中国、缅甸、老挝、泰国、柬埔寨、越南六国。中国境内的澜沧江长约 2100 公里，在老挝境内长约 777 公里，约 234 公里是在老挝和缅甸之间穿过，有 970 多公里是老挝与泰国之间的界河，在柬埔寨境内长 500 公里，在越南境内长约 230 公里。整个澜沧江—湄公河流域面积达 81 万平方公里，是亚洲唯一的跨越六国的国际河流，有潜在"黄金水道"之称。澜沧江的河床落差达 4600 米，平均比降为 2.2‰，其干流蕴蓄的水能资源约为 2700 万千瓦，极具开发潜力。中国计划在境内的澜沧江流域段修建 8 座水电站，形成梯级水电站的系列开发群体，总装机容量可达到 1555 万千瓦。其中漫湾、大朝山、景洪、小湾等四座水电站已经竣工并开始蓄水发电。

鉴于澜沧江—湄公河重要的地缘位置和丰富的资源蕴藏，中国学者近些年逐渐加大了相关方面的研究力度，主要着力于三个方面：一是在区域合作的层面，主要分析现有区域合作机制及未来发展趋势；交通、航运、旅游等资源开发与区域合作开展；中国如何参与区域合作等[①]；二是关注日本、印度、美国等国在湄公河竞相加快势力拓展的态势，从大国竞争的角度分析各国势力拓展的方式和中国的影响[②]；三是从国际

---

[①] 代表作：刘稚主编《GMS 澜沧江—湄公河次区域经济走廊建设研究》，云南大学出版社，2009；柴瑜、陆建人、杨先明主编《澜沧江—湄公河次区域经济合作研究》，社会科学文献出版社，2007；卢光盛：《澜沧江—湄公河次地区合作的国际政治经济学分析》，载《东南亚研究》2006 年第 2 期；贺圣达：《澜沧江—湄公河次区域合作：复杂的合作机制和中国的参与》，载《南洋问题研究》2005 年第 1 期；黄琰婷：《浅析澜沧江—湄公河次区域合作》，载《东南亚纵横》2007 年第 9 期。

[②] 代表作：马燕冰、张学刚：《湄公河次区域合作中的大国竞争》，载《国际资料信息》2008 年第 4 期；毕世鸿：《试析冷战后日本的澜沧江—湄公河次区域政策及其影响》，载《外交评论》2009 年第 6 期。

法的角度探讨水资源的利用问题，研讨公平合理的水资源分配模式①。
整体看来，中国学者较少关注澜沧江—湄公河水资源开发利用本身的国
际政治效应和对中国周边关系的影响。相比较而言，国外学者却比较注
重从国际关系的角度分析中国在澜沧江段的开发利用及其政治效应，他
们的观点主要包括：中国为满足发展需求和增强实力而在澜沧江段修建
水利工程的行为，是一种战略性选择，它会使下游的湄公河国家的生态
与环境安全处于危险境地，人民生存与发展受到影响；中国在澜沧江—
湄公河的水资源开发中处于主导性地位，中国忽视其他国家的国家利益
的做法与一直宣称的"和平发展"理念是严重相悖的；澜沧江—湄公
河目前还没有统一的管理机构，下游湄公河国家应该联合起来去平衡中
国的影响力，同时寻求合作管理跨国界水资源的方法②。通过梳理与比
较国内外学者有关澜沧江—湄公河的研究，笔者认为，中国学术界应加
强对澜沧江—湄公河水资源开发与中国周边环境变化的关系的研究，多
从国际关系的视角来分析河流的利用与开发，从而客观认识中国角色与
行为选择。

　　2010 年初，湄公河下游 4 国泰国、老挝、柬埔寨和越南发生了严
重旱情，湄公河水位下降到近 20 年来的最低水平，部分地区的水位仅
33 厘米。受干旱影响，泰国等国的大米产量受到严重冲击，而且湄公
河的低水位还将严重影响湄公河沿岸国的旅游、航运和渔业的发展。同

---

① 代表作：冯彦、何大明：《澜沧江—湄公河流域水资源公平利用中的国际法律法规问题探
讨》，载《资源科学》2000 年第 22 卷第 5 期；冯彦、何大明：《澜沧江—湄公河水资源
公平合理分配模式分析》，载《自然资源学报》2000 年第 3 期。

② Milton Osborne, River at Risk: "the Mekong and the water politics of Southeast Asia", Double
Bay, N. S. W.: Longueville Media 2004. Alex Liebman, "Trickle‐down Hegemony? China's
'Peaceful Rise' and Dam Building on the Mekong", Contemporary Southeast Asia, Vol. 27,
Number 2, August 2005. Timo Menniken, "China's Performance in International Resource Poli‐
tics: Lesson from the Mekong", Contemporary Southeast Asia, Vol. 29, Number 1, April
2007. Philip Hirsch, Kurt Morck Jensen, "National Interests and Transboundary Water Govern‐
ance in the Mekong", http://sydney.edu.au/mekong/documents/mekwatgov_mainre‐
port.pdf. Olive Hensengerth, "Trans‐boundary River Cooperation and the Regional Public
Good: The Case of the Mekong River", Contemporary Southeast Asia, Vol. 21, Number 2, Au‐
gust 2009.

样遭遇旱灾的还有中国的西南地区，其河流水位也降到 50 年来的最低水平，人民生活也因此受到影响。澜沧江—湄公河流域遭遇旱灾之苦在历史上不算少见，但此次大旱，引发了湄公河国家与中国之间关于水资源开发的争议，其争议点主要集中在三个方面。

第一，中国在澜沧江段建坝是否会影响下游湄公河的河流生态平衡。对于中国在境内的澜沧江段为开发水力资源而兴建的水坝，下游湄公河国家认为修建水坝加速了湄公河水量的减少和水质、水流的改变，越南湄公河三角洲受到侵蚀，泰国、缅甸和老挝的渔业和农业受到影响，当地经济和生活受到冲击[1]。而中国方面则认为大坝使流往下游的沉积物聚集在水库里，从而使湄公河上的灌溉和航行更加便利；大坝的生态环境影响是局部的，从长远角度看有利于保护全球生态环境。

第二，中国在澜沧江段建坝是否会使湄公河流段的水量减少？对此，湄公河国家非常肯定地认为，修建大坝会改变河水流量的规律性跌涨，下游国家会受制于上游国家的水流需求调控。中国的澜沧江段大坝，在旱季拦截河水，导致河流枯竭，饮水困难，雨季到来后，水坝蓄足水后开始大规模泄洪，导致洪涝灾害。中国大坝与湄公河干旱有着不可分割的联系，是"中国大坝扼杀了湄公河"[2]。而中国方面则认为，上游建坝不会减少下游湄公河流段的水量。澜沧江出境处年平均径流量占湄公河出海口年平均径流量的 13.5%，湄公河水量主要来自中国境外的湄公河流域。中国只是进行了蓄水发电，尚无从澜沧江取水、调水的行动和计划，不会对下游水量产生任何的不利影响。澜沧江—湄公河流域持续干旱是降雨量减少所致，从根本上说是全球气候变化的结果。

第三，中国在澜沧江段建坝运行后的水文资料信息是否共享？湄公河国家认为，虽然负责湄公河开发和管理的有湄公河委员会和以亚洲开发银行为主体的"澜沧江—湄公河次区域经济合作"（GMS）等机构，但"由于中国对国内水坝的情况秘而不宣"，因此区域内各国无法采取

---

[1] 《中国与湄公河水战搬上峰会》，载《亚洲周刊》2010 年 4 月 18 日，第 34 页。

[2] 《澜沧江考验中国外交》，载 http://nf.nfdaily.cn/epaper/nfzm/content/20100401/ArticelD20004FM.htm。

统一的协调行动①。中国应公布水坝落成后的水位资料和流量信息。对此，中国认为，中国在云南省内有自己的检测体系，中国将提供云南景洪水电厂大坝和漫湾水电站的水位资料。但中国政府提供的数据只对境内水坝的评估负责。

中国与湄公河国家之间的水资源争端"焦点"从表面上看是就中国在澜沧江段建水坝是否会影响下游湄公河段的生态平衡，是否会导致湄公河地区出现异常降雨和干旱，影响下游国家人民的生存。但争议的背后显示出的是中国在和平发展过程中所引发的周边效应。位于河流上游的中国，相比较湄公河五个流域国而言，无论是综合国力，还是经济发展速度，都处于优势和领先地位。这些周边国家一直担心快速发展的中国会成为威胁其生存和发展的强势国家，中国因发展需要而适度开发利用境内河流就成为周边国家对中国"担忧"的一个新的因子。

## 第二节　水资源争端与美日在湄公河区域的势力拓展

早在 1995 年，世界银行副行长伊斯梅尔·萨拉杰丁（Isamel Serageldin）就预言："下一个世纪（21 世纪）的战争将因为水而引发"②。"水资源虽然从来不是唯一的和主要的引发冲突的原因，但是它却能恶化局势"，③ 尤其是与国家之间固有的一些民族矛盾、宗教冲突、领土纠纷等因素媾和在一起时，就可能成为影响国际关系，引发国家冲突与地区安全的重要因素。随着经济发展以及全球温室效应加剧造成的水资源日益短缺，澜沧江—湄公河的水域争端再次证明了"水资源正在成为一种具有战略性的稀缺资源"，并有可能成为"亚洲引发新的纷争的

---

① 《外国媒体热炒中国水威胁 称我国用水牵制亚洲》，http：//news. sina. com. cn/c/2006 – 09 – 21/000110067730s. shtml。

② Barbara Crosette, "Severe Water Crisis Ahead for Poorest Nations in the Next Two Decades," The New York Time, 10 August 1995, Section 1, p. 13.

③ Aaron T. Wolf, Annika Kramer, Alexander Carius, and Geoffrey D. Dabelko, "Chapter 5：Managing Water Conflict and Cooperation", In State of the World 2005：Redefining Global Security. the World Watch Institute. Washington, D. C. 2005.

火种"①。

中国与湄公河国家的水资源争端发生后，在一些海外媒体与非政府组织"亲密联合"下，"中国威胁论"再次"推陈出新"，衍生出"中国水威胁论"和"中国大坝威胁论"等"新品种"。这些"威胁论"制造者和宣扬者将固化的历史认知与战略猜疑"附着"在自然原因之上，继而"升华"为中国水利开发会威胁他国国家安全的"高度"。他们认为，中国水坝的建设和运行已经影响到了湄公河地区的生态环境安全，已经对湄公河国家的粮食安全、政治稳定和区域各国间的关系产生了"重大负面影响"。水可以被当作实现国家利益的强有力工具，中国通过在上游修建水坝调节水流量，从而控制其他国家的经济和政治。中国将把对跨国界水资源的利用和"对水资源利用形成的威胁"作为一件有效工具，来牵制南亚、东南亚等亚洲国家②。

虽然中国政府一再以科学依据证明，中国的水利开发活动基本上没有影响出境的水量，只是对出境水流量的时空分配产生一定影响③，中国在对澜沧江部分进行水资源开发过程中一贯高度重视对环境和生态的保护，充分照顾下游国家关切；虽然一些邻国政府对中国的水利开发持客观评价态度，不支持中国大坝威胁本国安全的言论，但是这些被媒体与学者大肆散布的"中国水威胁"和"中国大坝威胁"的论调会严重地误导周边国家的民众对中国的认识与态度，继而影响政府对中国的行为判断，破坏良性发展的周边关系，同时严重破坏中国和平发展所需要的国际舆论环境，带给中国更多的国际社会压力。

中国与周边国家之间存在的水资源争端为区域外国家插手中国周边事务提供了时机，他们利用周边国家对中国的"不满"，趁机拉拢这些国家，提升影响力。在湄公河流域，美日等国家正在加紧"前位外

---

① 《亚洲打响水资源争夺战》，载日本《朝日新闻》2010年8月15日。

② "River Runs Through it"，http：//timesofindia. indiatimes. com/home/opinion/edit - page/River - Runs - Through - It/articleshow/6320762. cms。

③ 引用于湄公河委员首席执行官 Jeremy Bird 先生 2010年11月5日在北京大学举办的"澜沧江—湄公河水资源的开发利用学术研讨会"上的演讲。

交"，"紧密呼应"地扩展在这一地区的政治、经济影响力，挤压中国在东南亚地区的战略空间。

## 一　美国：拉拢东南亚国家，阻击中国

美国 2009 年高调提出"重返亚洲"战略，介入湄公河地区事务成为美实现"重返"的一个重要突破点。对于泰国、越南等国一些非政府组织和媒体发出的"中国水坝威胁"论调，美国一些媒体和智库给出"及时回应"，不断"论证"中国在澜沧江段修建小湾、漫湾、大朝山、糯扎渡和景洪等水坝对东南亚国家的"消极影响"，认为中国的水坝会使湄公河段的河水流量发生变化、水质恶化、生物多样性降低，会"影响地区生态和粮食安全"，"下游国家将来只能依赖于中国大坝释放出来的水"，湄公河很快就变成一条"中国河"。所以，"美国应重视中国在湄公河流域的举动并做出反应"①。

与这些舆论相对应的是美国政府对湄公河地区"前位外交"的大力开展和地区内部事务的大肆介入。奥巴马执政以来，美国对湄公河地区的影响力拓展方面主要呈现出两个特点。

**1. 提出美湄合作新框架，以"巧实力"介入湄公河地区内部发展事务**

美国重返亚洲的重点在东南亚地区，奥巴马登台伊始就传递出美国将重新重视东南亚的信号。先是 2009 年 7 月，希拉里高调出席在泰国普吉岛举行的东盟地区论坛会议，会议期间宣布"美国正在重返东南亚，将完全致力于在东南亚的伙伴关系"，与东盟签署《东南亚友好合作条约》。随后与柬埔寨、泰国、老挝、越南 4 个湄公河下游国家磋商并提出建立"美湄合作"新框架的设想，启动"湄公河下游行动计划"，以促进包括环境在内的重要地区问题的合作，协助更好地管理湄公河系统宝贵的自然资源②。相比此前的"湄公河流域开

---

① 《美国插手湄公河政治》，香港亚洲时报在线，2010 年 8 月 4 日。

② Bureau of Public Affairs of the U. S. Department of State："The U. S. and the Lower Mekong：Building Capacity to Manage Natural Resources"，http：//www. america. gov/mgck，Jan，6<sup>th</sup>，2010.

发计划"等其他合作框架都包括中国和缅甸，此次美国将中国和缅甸排除在磋商对象之外。2010 年 7 月，美国再次提出"援助方案"，具体推进"湄公河下游行动计划"，向湄公河沿岸的柬埔寨、泰国、老挝、越南提供 1.87 亿美元支持，[①] 用于加强在湄公河流域的环境、卫生、教育和基础设施等议题上的合作。美国国务卿希拉里·克林顿在 2010 年 10 月 28 日提出美国要在亚太地区采取"前位外交"，保持和加强美国在亚太地区的领导能力。美国将在湄公河地区的援助称之为美国在采取"小多边"的方式来巩固与东南亚国家的联系，同时发挥在此地区的领导作用。

"为了改进湄公河下游地区的跨界水问题和支持湄公河委员会"，美国还积极推动湄公河委员会与美国第一大河密西西比河管理部门——密西西比河委员会建立伙伴关系。美国国家公共事务局称，密西西比河委员会和湄公河委员会均在各自所在地区的最关键性的水道管理中发挥主要作用。两个机构在 2010 年 5 月正式启动"姊妹河伙伴关系计划"，将在洪泛区综合管理、适应气候变化及流域地区可持续发展等方面促进合作，交流最佳经验[②]。所有湄公河下游国家都是 1995 年成立的湄公河委员会成员国，该委员会的宗旨是促进地区合作和可持续的水资源管理。密西西比河委员会成立于 1879 年，其宗旨为促进商务，防洪和改善美国最大河流的状况[③]。2010 年 9 月，美国和湄公河流域国家展开了下游管理的协作工作，"由美国陆军工程兵团牵头的密西西比河委员会正在努力与东南亚的同行分享他们从美国学到的最佳实践以及汲取的教训"，美国先后邀请泰国、老挝、柬

---

① Simon Roughneen，US dips into Mekong politics，http：//www. atimes. com/atimes/Southeast_Asia/LH14Ae01. html.

② Bureau of Public Affairs of the U. S. Department of State："The U. S. and the Lower Mekong：Building Capacity to Manage Natural Resources"，http：//www. america. gov/mgck，Jan，6th，2010.

③ 《美国和湄公河流域国家致力于缓解气候变化对该流域的影响》，载美国国务院国家信息局《美国参考》，2009 年 7 月，http：//www. america. gov/st/env - chinese/2009/July/20090731133937kjleinad0. 7190363. html。

埔寨和越南的专业科技人员和政府官员访问美国，收集有关密西西比河如何管理的信息；参观美国政府监督水资源管理的机构；演示评估拟议的湄公河大坝对环境的影响①。美国这种以河流治理为载体，以知识交流和范本学习为形式，以实现影响湄公河河流管理和开发为目的的"姐妹河伙伴关系计划"，凸显了美国以"巧实力"和"软形式"积极介入湄公河区域国家发展事务的态势与政策特点。同时，美国此番将湄公河委员会与密西西比河委员会看作同等平台的举措，表明了美国对湄公河委员会在湄公河上的管理地位的极力推举，也恰是新"美湄合作"框架中对中国和缅甸极力排挤的呼应。

**2. 以泰国为中心，积极发展新合作伙伴**

奥巴马执政后，开始不断强化同东盟组织的合作，提升美国与东盟的整体关系及东南亚在美国外交中的地位，同时全面平衡发展与东南亚国家的双边关系，依托传统盟国，拓展新的双边关系。美国在湄公河水域争端中，从美国智库到政府官员，基本上一致支持泰国、越南等国内某些民间组织的观点，认为中国对湄公河的干旱负有主要责任，美国应关注中国在湄公河上游，即澜沧江段的开发举措，并做出适当回应。美国紧紧抓住水域争端引发的对中国的"不满"和"猜疑"，积极以泰国为中心，稳步推进与老挝和柬埔寨的关系，同时大力发展新合作伙伴关系。

最有代表性的是美国积极发展美越关系。在 2010 年于越南举行的东盟外长会议上，美国高调介入南海争端，明确支持越南对有主权争议的南沙和西沙群岛的主张，对中国南海权益制造新挑战。2010年 3 月美越签署核能合作协议，美国公司将参与越南核能领域的合作，4 月 21 日越南总理阮晋勇出席了在华盛顿召开的核安全峰会。2010 年 8 月，美国国务院发言人克劳利证实，美国正与越南进行民用核能合作的谈判，美国"鼓励"但不强求越南放弃自行进行铀浓缩的

---

① 《美国与东南亚国家就湄公河下游管理工作展开协作》，载《参考消息》2010 年 9 月 17日。

权利，根据美方提出的建议，美越两国核能合作将使越南具备自行生产浓缩铀的能力①。在美国的"鼓励"和技术援助下，越南一旦具备生产浓缩铀的能力，那么越南也将会具备制造核武器的能力，从而为未来中国周边安全埋下更多隐患。

另外，奥巴马政府对缅甸军政府的态度也出现了新的变化，从制裁为唯一选项到制裁与谨慎接触并举。2009 年 2 月，美国国务卿访问日本时表示，美国政府正在审视对缅甸的政策，准备努力寻求更有效的方法，更好地帮助缅甸人民并促进缅甸在政治、经济领域的变革。2009 年 8 月，希拉里表示，奥巴马政府将对缅甸政策做出调整，在继续实施制裁的同时，与缅甸军人政权进行接触。同月，美参议院外交关系委员会东亚和太平洋事务小组委员会主席韦布访问缅甸，与军政府领导人丹瑞会面，并获准会见昂山素季，美缅关系出现回暖。2009 年 9 月，美对缅"软化"政策再次凸显，美国解除了对缅高官的签证禁令，缅甸外交部长被允许到华盛顿，缅甸总理登盛赴纽约出席联合国大会。2009 年 11 月，奥巴马在日本发表的亚洲政策演讲中提出对缅甸政策的新思维，随后赴新加坡出席亚太经合组织领导人非正式会议期间，美缅领导人首次进行历史性对话。2012 年，美国总统和国务卿亲自赴缅甸进行正式访问，并于同年邀请缅甸总统和民主政治力量的代表昂山素季访问美国。美国的一系列行动向缅甸传达了推动民主政治改革，改善美缅关系的信号。

总之，美国紧急抓住湄公河水域争端中，湄公河区域国家对中国管理和开发澜沧江段能力与行为的怀疑，高调介入湄公河地区事务的动机主要有两个：一是美国深知仅通过显示军事实力来赢得东南亚国家的信赖是不够的，还需要重视在"软"议题上合作来拉近与东南亚国家的距离。美国对湄公河流域国家的丰厚援助将提醒东南亚政治精英和普通民众，美国依然在乎东南亚，美国仍然是维护东南亚稳定发展的关键力量。二是美国认为，随着中国的崛起，中国已成为美国最

① 李永明：《美国协助越南发展核技术》，载《联合早报》2010 年 8 月 18 日。

大的竞争对手，中国—东盟自贸区建立以后，中国在东南亚地区的影响力迅速上升，美国如果想要成为主导亚洲事务的国家，就必须平衡中国在这一地区的影响力，趁中国还未建立牢固的东南亚后院时，插足分化东南亚，制止继续出现倾斜中国的趋势。因此，若华盛顿愿介入湄公河水资源争端，可在这个数千万人仰赖该河流维系生存的地区，对中国的战略构成近乎无懈可击的牵制。

## 二　日本：急于扩大在澜沧江—湄公河流域影响力

日本从 20 世纪 90 年代以来，就视湄公河地区为"充满希望和发展的流域"，"是日本亚洲外交中最重要的区域"①。日本与湄公河地区五国一直保持密切的政治与经济联系，运用贸易、投资和援助"三位一体"的经济合作战略，逐渐成为湄公河地区最大的援助国和投资国，建构起了巨大的政治影响力，越来越多的湄公河国家希望日本持续发挥在湄公河地区的影响力和在国际政治与安全方面扮演重要角色。对于一直把推动湄公河次区域合作作为促进西南地区发展重要动力的中国，日本从 2001 年就开始思考"怎样对待增加影响力的中国，并掌握湄公河开发的主动权"②，所以，抗衡中国在湄公河地区的影响力，对中国发展与这一地区的良好关系设置障碍，就成为其抓住各种时机加强在湄公河地区影响力的重要动力。

日本政府 2003 年 12 月公布了表明日本对湄公河地区政策的《湄公河地区开发的新观念》，并于 2006 年 11 月出台了《日本—湄公河地区伙伴关系计划》，全力推进将中国排除在外的所谓的"澜沧江—湄公河流域开发项目"。2008 年 1 月，日本与湄公河 5 国举行了首次外长会议，明确提出提供 2000 万美元的无偿资金，援助该地区建立"东西经济走廊"物

---

① 高村正彦外務大臣スピーチ　於・国際交流会議「アジアの未来」2008
《メコンの成長は ASEAN の利益、ASEAN の成長は日本の利益》，http：//www. mofa. go. jp/mofaj/press/enzetsu/20/ekmr_ 0523. html。

② 李光辉、裘叶艇：《日本担心湄公河归中国经济圈，15 亿美元争夺主导权》，载《国际先驱导报》2004 年 4 月 20 日。

流网建设①，以抗衡中国参与的"南北经济走廊"建设，并将 2009 年定为"日本湄公河交流年"，其口号是"共同建造湄公河和日本的未来"。2009 年 11 月，首次"日本—湄公河地区各国首脑会议"在东京举行，日本明确将湄公河地区列为政府开发援助的重点地区，会后 6 国联合发表了《东京宣言》，明确提出援助完善交通网、促进人员交流等 63 个项目的行动计划，并承诺在今后三年内，将向上述 5 国提供 5000 亿日元（约合 55.34 亿美元）的开发援助②。

2010 年湄公河水资源争端发生后，日本"坚定"地站在对中国"口诛笔伐"的非政府组织和代表一边，并在湄公河 5 国与中国计划讨论澜沧江段大坝建设与湄公河干旱关系的湄公河峰会召开前两天，日本"不失时机"地召集湄公河 5 国参加第五届"湄公河—日本高级官员会议"，在会上阐述日本向湄公河流域国家提供援助和技术以使当地实现可持续发展，同时介绍促进湄公河地区开发的倡议。在 2010 年 7 月召开的东盟地区论坛的会议间歇，日本与湄公河流域国家举行了会议，讨论在下一个十年共同实施旨在应对自然灾害、砍伐森林等挑战的"绿色湄公河"计划③。另外，日本还特别强调，将与越南等国加强在水资源的利用和管理方面的双边性合作。可以说，日本正在"充分利用"湄公河水资源争端中湄公河国家对中国经济发展的"恐惧"和"不信任"心理，趁机拉近与他们的距离。

日本看到，在东南亚国家中最有发展潜力的是湄公河流域的国家，而这些国家又都处在经济迅速发展的中国的周边。因此，日本开始调整"福田主义"，将对东南亚国家的支持渐渐锁定在湄公河 5 国上，通过援助战略发展与湄公河 5 国的关系，由此，不仅可以利用低廉的劳动力

---

① 《メコン地域投資セミナー—物流インフラの整備が進むメコン地域でのビジネス展開について》，http：//www.aibsc.jp/Portals/0/kn－atrd/files/n_pdf/mekon_seminar_siryou.pdf。

② 《日本・メコン地域諸国首脳会議東京宣言—共通の繁栄する未来のための新たなパートナーシップの確立》，http：//www.mofa.go.jp/mofaj/area/j_mekong_k/s_kaigi/j_mekong09_ts_ka.html。

③ 《美国插手湄公政治》，香港亚洲时报在线，2010 年 8 月 4 日。

成本、旺盛的市场需求和丰富的自然资源，来拓展日本在东南亚的市场和制造业基地等，还可以加快日本在该区域的影响力拓展，抗衡中国优势和影响力。日本 2012 年的湄公河新援助计划中，以重启向缅甸提供政府开发援助为主轴，展示出日本主导大湄公河次区域基础设施建设的姿态，其最终目的是要遏制中国在该地区影响力的扩大。

2012 年 4 月 21 日，日本与柬埔寨、老挝、缅甸、泰国、越南湄公河流域 5 国之间的第二次首脑会议在东京举行。日本向 5 国承诺从 2013 年度开始的 3 年期间，日本政府将向 5 国提供大约 6000 亿日元（约合 70 亿美元）的政府开发援助，着力开发从南海穿越印度支那半岛到达印度洋的"东西经济走廊"和"南部经济走廊"。援助内容涉及发电站建设、卫星发射、经济特区建设等 57 个基础设施建设项目，项目总金额达 2.3 万亿日元（约合 268 亿美元），其中越南数量最多，达 26 个，其次是缅甸，共有 12 个项目。此外，日本还承诺免除其拖欠的 3000 亿日元（约合 37 亿美元）的债务，并重新启动暂停的援助方案，决定对缅甸提供 1230 万美元援助。此次日本对缅甸的债务减免是日本迄今为止所放弃的最大规模的债权。

此次峰会上还通过了《日本—湄公河合作 2012 年东京战略》草案。该战略草案指出，为了实现湄公河地区的均衡可持续发展，在日本和湄公河合作框架中，将加强与湄公河地区的联系，纠正地区开发的差异，并就地区和国际形势进行讨论，同时还尽力避免援助的重复，通过"湄公河下游地区开发倡议"、日中湄公河政策对话以及伊洛瓦底江、湄南河及湄公河经济合作战略等，加强和促进各种地区框架和第三国的合作。

"日本—湄公河"峰会是湄公河地域国家与第三国之间唯一的地域框架组织。在此地域框架组织内，日本与湄公河流域 5 国的合作，不仅停留在经贸、基建、环境以及能源等领域，还呈现出日益涉及地区安全与政治领域的趋势。日本和 5 个湄公河流域国谴责了朝鲜导弹发射，要求采取具体行动以实现无核化，对于中国与部分东盟国家存在主权争端的南海问题，与会国表示已经认识到海洋作为国际公共财产的重要性，应根据 1982 年的联合国海洋法公约和其他与海洋有关的国际法普遍达成的航行自由、航行安全、不受妨碍的商业活动与和平解决冲突等原则，促进日本等地区外国家也参与的海上安全合作，期待最终签署关于南中国海的行为规范。

## 第三节　中国如何应对澜沧江—湄公河水资源争端

湄公河区域对于中国具有重要的地缘安全价值。它不仅是中国与泰国、越南、柬埔寨、老挝和缅甸东南亚五国相互赖以生存的自然条件，是中国西南腹地走向海洋的重要通道和"西部大开发""走出去"的战略重叠区，更是中国实践"睦邻、富邻、安邻"周边外交政策、构筑和谐周边的战略要地。所以，澜沧江—湄公河水争端的出现会使中国在次区域合作中的主导性推动角色处于被动地位，更会为美日等国家扩大影响创造时机。所以，中国应主动采取对策，寻找解决湄公河水争端的有效对策和途径。

### 一　在战略层面上，推动与湄公河五国的区域合作

中国是澜沧江—湄公河地区六国中综合经济实力最强大，经济最活跃、增长率最高的一方，中国与湄公河五国在地理、历史和民族等方面有着天然的联系，中国的"睦邻、安邻和富邻"的周边政策对这些次区域国家正在产生积极影响。中国自1992年开始积极参加由亚洲开发银行倡导的澜沧江—湄公河次区域合作、东盟—湄公河流域开发合作等机制，与湄公河委员会建立了正式对话关系。中国一方面与老挝、缅甸、泰国合作开发国际航道，一方面与泰国等国合作开发澜沧江—湄公河水能资源。而且次区域合作已经成为中国全方位对外开放战略的重要组成部分，次区域国家也对中国在次区域合作中的作用有着较高的期望。所以，未来中国应更积极、主动地参与澜沧江—湄公河次区域合作，提升参与合作的整体水平，加大经贸合作的力度。

另外，中国可以借鉴美日扩展在湄公河流域的影响力的手段选择，通过有选择地加强在湄公河地区的经济援助，加强对本地的水利工程等

基础设施建设，一方面向周边国家明确传达中国实力增长之后会让周边国家分享利益的积极信息，有助于平衡美日凭借经济优势挤压中国战略空间的势头；另一方面，推动当地经济的发展，增强中国与周边国家的经济联系与政治互信，为深入发展区域合作奠定基础。

## 二　在机制构建层面，与湄公河国家联合构建跨国界河流协商合作机制

澜沧江—湄公河蕴藏着巨大的水能资源，是很多流域国沿岸居民生活用水的重要来源和发展经济的重要手段，尤其是相当一部分沿岸国国内面临着水资源缺乏的现状。所以，合理开发利用跨国界河流是中国与周边国家的共同诉求，但基于跨国界河流的特性，对跨国界河流的合理利用和有效保护需要相关流域国的协调合作与有效配合。对此，中国应发挥负责任大国的作用，在保证内部可持续发展和水资源管理的同时，同其他湄公河国家建立一系列针对公共资源共享的双边或多边协商合作机制、国家主权和公共资源交互下的联合开发机制，在机制框架内协调解决澜沧江—湄公河的环境保护与开发问题，真正实现"水善利万物而不争"。

针对跨国界河流水资源问题所构建的合作与协商机制框架，主要包括两大内容：一是构建冲突预防与应对机制，二是构建合作开发与管理机制，这两大内容同时存在，同步进行，互为促进。

在冲突预防和应对机制的建构过程中，中国与湄公河国家首先要建立的是早期预警机制。俗话说"防患于未然"，早期的预警监测是防治的最重要一步，流域国政府要对界内流段实行科学严密的监测，及时察觉、发现、识别和解决潜在不稳定因素，降低消极后果出现和蔓延出境。其次，要建立突发事件应急机制。一旦发生跨国界河流问题，问题涉及国要在第一时间互相通报具体、准确和详细的信息，同时找出问题关键点所在，协商共同解决之策，联合行动应对，将危机损失控制在最低。最后，冲突或纠纷平息之后，中国和湄公河国家要协商妥善解决纠纷或冲突造成的政治影响、外交关系受损和经济损失等恢复性问题，恢复两国间的正常关系和合作秩序，同时总结经验教训，协商调整两国合

作应急机制建设。

在合作开发和管理机制建构过程中，首先要鼓励流域国联合开展科学调查取证，由于有些湄公河国家经济发展相对落后，科学研究与调查设备落后、资金短缺，致使流域国政府决策机构缺少背景信息，[①] 难以制定准确的发展开发计划，甚至误解其他流域国利用开发河流计划的影响，因此，中国要主动创造资金、设备等条件，协商与他国开展对管辖流域的水质、水量、流量变化规律、影响因素等方面的调查和取证。同时，还要建立信息共享渠道，及时交流管辖段河流的基本状况和变化情况，使其他流域国了解本国对管辖河流的开发利用情况，减少其对开发后果的疑虑和担忧。其次，中国应拓宽与湄公河国家在跨国界河流开发中的合作深度，在继续推动信息提供、联合调查、环境监测等方面合作的同时，还应在水利工程建设、水力资源联合开发、水资源有效利用、水资源治理等关键领域中展开合作。再次，在科学调查取证和信息互享的基础上，中国和湄公河国家要协商确定合作管理与开发的目标、模式和途径，明确合作程序和开发计划。最后，与湄公河国家在中央、地方和学术团体等多层面展开协调合作，共同利用开发跨国界水资源，使之成为进一步发展自我的契机，也利用水资源流经的地缘优势发展本国、本地区经济，使流域国共同受益，实现共同繁荣。澜沧江—湄公河水利资源的分配、利用和开发涉及每个流域国的国家利益，国家之间为了维护和实现国家利益所采取的针对流域开发和管理的行动手段和形式会直接影响到国家之间关系、周边安全环境和地区的稳定和平。因此，中国政府应继续坚持"新安全观"和"睦邻、善邻、富邻"的外交原则，从战略高度上将澜沧江—湄公河作为推动周边区域合作、拓展周边外交的媒介，对内加强境内跨国界河流管理组织建设，对外与周边国家合作构建合作与协商机制，在有效预防与和平解决跨国界河流问题产生与发展的同时，建构良性发展的周边关系与稳定的周边安全环境。

---

① Feng Yan, He Daming, "Trans‐boundary Water Vulnerability and its Drivers in China", Journal of Geographical Sciences, (2009) 19, p. 196.

图书在版编目（CIP）数据

中国周边安全研究 . 第 1 卷 / 张洁主编 . —北京：
社会科学文献出版社，2015.4
　（国家安全与发展战略研究丛书）
　ISBN 978 - 7 - 5097 - 7397 - 0

　Ⅰ. ①中…　Ⅱ. ①张…　Ⅲ. ①国家安全 - 研究 - 中国
Ⅳ. ①D631

　中国版本图书馆 CIP 数据核字（2015）第 076053 号

·国家安全与发展战略研究丛书·

中国周边安全研究（第一卷）

主　　编 / 张　洁

出 版 人 / 谢寿光
项目统筹 / 周　丽　林　尧
责任编辑 / 王玉山

出　　版 / 社会科学文献出版社·经济与管理出版分社（010）59367226
　　　　　地址：北京市北三环中路甲 29 号院华龙大厦　邮编：100029
　　　　　网址：www. ssap. com. cn
发　　行 / 市场营销中心（010）59367081　59367090
　　　　　读者服务中心（010）59367028
印　　装 / 三河市东方印刷有限公司

规　　格 / 开　本：787mm × 1092mm　1/16
　　　　　印　张：13　字　数：187 千字
版　　次 / 2015 年 4 月第 1 版　2015 年 4 月第 1 次印刷
书　　号 / ISBN 978 - 7 - 5097 - 7397 - 0
定　　价 / 59. 00 元